Ursula Oppolzer

99 Tipps
Konzentration und Lernfähigkeit

Projektleitung: Dorothee Weylandt, Berlin
Redaktion: Birte Meyer, Berlin
Umschlaggestaltung: Magdalene Krumbeck, Wuppertal
Layout/technische Umsetzung: Julia Walch, Bad Soden
Die Reihenkonzeption wurde von Cornelia Colditz und Claudia Kahlenberg im
Rahmen eines studentischen Wettbewerbs im Studiengang Verlagsherstellung an der
HTWK Leipzig (www.verlagsherstellung.de) unter Leitung von Julia Walch, Bad Soden,
entwickelt.

www.cornelsen.de

1. Auflage 2012

© 2012 Cornelsen Verlag, Berlin

Druck: CPI – Clausen & Bosse, Leck

ISBN 978-3-589-23283-3

 Inhalt gedruckt auf säurefreiem Papier aus nachhaltiger Forstwirtschaft.

ENTSPANNUNG, FANTASIE & KREATIVITÄT

MERKEN & ERINNERN

MERKTECHNIKEN

WORTSCHATZ & RECHTSCHREIBUNG

BEWEGUNG & LERNVERHALTEN

Liebe Kolleginnen und Kollegen,

kennen Sie die Geschichte von der Säge? In dieser Geschichte sägt ein Waldarbeiter schwitzend mit einer stumpfen Säge und als er darauf hingewiesen wird, stöhnt er: „Keine Zeit! Keine Zeit!" Auch Sie sollen immer mehr leisten, stehen immer mehr unter Druck, die Schüler mithilfe neuer Vorgaben zu einem guten Abschluss zu führen und sie auf den Beruf vorzubereiten. Sie benutzen zwar fortschrittliche „Werkzeuge", aber müssen für diese Werkzeuge nicht erst einmal die Voraussetzungen geschaffen werden, damit sie greifen, damit sie etwas bewirken können? Sie stellen bei den Schülern immer öfter Konzentrations- und Wahrnehmungsschwierigkeiten, Leseunverständnis und Rechtschreibschwächen, ADHS usw. fest. In der Schule wird deshalb Förderunterricht in Mathematik, Deutsch und Englisch erteilt. Das ist ein Versuch, Symptome zu kurieren, klärt aber weder die dafür verantwortlichen Ursachen noch hilft er, sie zu beheben.
Eine Schule, die nur spezifisch fachbezogen fördert, wird nur punktuelle Verbesserungen erzielen und immer wieder neue Förderkurse zu den jeweiligen Themenbereichen anbieten müssen. Wenn Schüler erfolgreich fachbezogen lernen sollen, dann ist es sinnvoll, zunächst einmal gute Voraussetzungen zu schaffen. Auf diesem stabilen Fundament können dann viel müheloser und effizienter Wissen und Fähigkeiten aufgebaut werden. Wenn ich Ihnen jetzt jedoch nahelege, die Unterrichtsstunden mit Konzentrations- und Entspannungsübungen zu beginnen, kleine Bewegungspausen in den Unterricht zu integrieren und mehr Aufgaben zu stellen, die Fantasie und Kreativität anregen, so höre ich Sie ebenso stöhnen wie den Waldarbeiter: „Keine Zeit, keine Zeit, nicht noch mehr!!! Ich schaffe es ja jetzt schon kaum, den Lehrplan zu erfüllen." Trotzdem: Seien Sie offen, und probieren Sie einiges aus.

Ich möchte mit den folgenden 99 Tipps dazu anregen, die Art des Förderunterrichtes zu überdenken, Ihnen ein sinnvolles Konzept für Vertretungsstunden anbieten und Ihnen einige Möglichkeiten aufzeigen, diese Anregungen und Übungen mit sehr geringem Aufwand in den Unterricht zu integrieren. Zum Beispiel können bei der Differenzierung sowohl schwache Schüler mit Wahrnehmungs- und Konzentrationsübungen, Fantasie- und Kreativaufgaben Punkte sammeln als auch leistungsstarke Schüler herausgefordert werden. Schüler können, wenn sie ihre Aufgaben gelöst haben, mit kniffligen Logikaufgaben punkten. Kleine Entspannungs- und Bewegungsanregungen zwischendurch (ein bis zwei Minuten) – ohne Vorbereitung –, fördern nicht nur die Konzentration, sondern ermöglichen auch einen Abstand und einen neuen Blick auf eine Aufgabe. Probieren Sie es einfach aus. Schulen, die sich zu einer bewegungsfreundlichen Schule entwickelt haben, bestätigen den Zuwachs an Konzentration, Lernfähigkeit und Sozialkompetenz durch regelmäßige Bewegung und Entspannung.

Zur Arbeit mit diesem Buch:
Neben den 99 Tipps für Ihren Unterricht finden Sie zusätzlich zu den einzelnen Bereichen auch häufig Tipps für Ihre Schüler. Die Übungen sind ein Fundus sowohl für einen ritualisierten Einstieg in die „normalen" Unterrichtsstunden als auch für den Fachunterricht, für Klassenlehrerstunden, Vertretungs- und Förderstunden.

Ich wünsche Ihnen viel Erfolg!

Ursula Oppolzer

PS: Aus Gründen der besseren Lesbarkeit wird in diesem Buch durchgehend die männliche grammatische Form verwendet. Natürlich sind damit auch immer Frauen und Mädchen gemeint, also Lehrerinnen, Schülerinnen usw.

10 Top-Tipps … Die Lieblingstipps der Autorin!

22 Die bewusste Wahrnehmung trainieren

Konzentrationsmangel enttarnen **30**

37 Alle Wahrnehmungskanäle öffnen

Erfolgreich lernen – ganz entspannt! **40**

46 Mit Fantasie Probleme lösen

Markieren und Skizzen zeichnen **58**

65 „Taschentrick"

Rechtschreibung verbessern **84**

88 Leistung durch Bewegung steigern

Besser merken – in Bewegung bleiben !! **97**

1 Aufwärmphasen an den Anfang stellen

So, wie ein Sportler mit Übungen zum Aufwärmen startet, so sollte auch für Ihre Schüler der Unterricht mit sehr leichtem Stoff oder einer Konzentrationsübung beginnen (zwei bis drei Minuten): Das Gehirn hat Zeit, um langsam warmzulaufen und richtig in Schwung zu kommen. Durch dieses Ritual der regelmäßigen Konzentrationsübungen stellt sich das Gehirn automatisch auf das Lernen ein. Der Schüler muss sich also nicht immer wieder neu überwinden und spart damit wichtige Energie. Zudem beginnt der Unterricht für ihn mit einem Erfolgserlebnis. Das gibt dem Schüler Energie und führt zu einer positiven Lerneinstellung. Wortspiele als Konzentrationsübungen mit Zeitvorgaben vermehren gleichzeitig den Wortschatz und verbessern die Rechtschreibung (Tipp 21, 79–86).

❯ Tipp 21, 79–86

Übung

Aufwärmübungen

So könnten die „Aufwärmübungen" aussehen:

- Lassen Sie reihum möglichst schnell das Alphabet rückwärts aufsagen.
- Lassen Sie zu einem bestimmten Thema *einsilbige* (zweisilbige …) Wörter nennen, z. B. Tiere, Städte, Flüsse, Gegenstände, Farben, Namen, Kleidungsstücke, Lebensmittel, Möbel, Subjektive, Adjektive, englische Vokabeln, usw.
- Lassen Sie von einer bestimmten Zahl aus *möglichst schnell* rückwärts zählen.
- Lassen Sie von einer bestimmten Zahl aus alle Zahlen rückwärts nennen, die durch 3 (4, 5, 6 …) teilbar sind.

Tipp für Ihre Schüler

Beachte die Aufwärmzeit wie ein Sportler. Fange bei deinen Hausaufgaben mit deinem Lieblingsfach an oder mit einer kleinen Konzentrationsübung, die du gerne machst (Tipp 15, 35).

❯ Tipp 15, 35

Aufmerksamkeit ist die Richtung des Bewusstseins auf einen bestimmten Gegenstand. Alles andere bleibt weitgehend unbeachtet. Nur was wichtig erscheint, wird wahrgenommen!

Aber für viele Schüler ist es schwer, dem Unterricht aufmerksam zu folgen und alles andere unbeachtet zu lassen, weil ihnen das, was sie lernen sollen, nicht wichtig erscheint (Tipp 26). Sie können die Aufmerksamkeit Ihrer Schüler auf unterschiedliche Weise erreichen:

❯ Tipp 26

- Neugier wecken,
- Überraschungen,
- Abwechslung (Tipp 31, 32), ❯ Tipp 31, 32
- Informationen, die Bedeutung bekommen,
- Übertreibungen,
- eine bildhafte Sprache und bildhafte Vergleiche (Tipp 83), ❯ Tipp 83
- Wechsel der Lernaktivitäten,
- Begeisterung für die Sache.

Übung

Wecken Sie die Neugier Ihrer Schüler, indem Sie sie z. B. mit folgender Aussage konfrontieren: „Wusstet ihr, dass eure Augen 384.000 Kilometer weit sehen können? Nein? Könnt ihr den Mond sehen? Ja! Der ist 384.000 Kilometer entfernt!"

Neugier wecken

Tipp für Ihre Schüler

So bleibst du aufmerksam: Du bist immer voll bei der Sache, wenn dich das Thema interessiert. Oft jedoch empfindest du den Schulstoff als wenig spannend und schaltest ab oder um auf andere Dinge. Dann stell dir vor, du willst einem Freund später erzählen, was du gehört hast.

3 AUFMERKSAMKEIT TESTEN

Lassen Sie Ihre Schüler einen Aufmerksamkeitstest machen, um zu zeigen, wie wichtig es ist, Anweisungen und Aufgaben genau zu lesen und sich immer erst einen Überblick zu verschaffen. Wichtig ist, auf die Zeitvorgabe hinzuweisen. Der schnellste Schüler ist der Sieger.

Achtung!

> Sehr oft kann man feststellen, dass man sich viel Arbeit erspart, wenn man einen Text zuerst einmal konzentriert durchliest.

Übung

Schnell, aber aufmerksam

Es geht um Schnelligkeit. Die Schüler haben für den Test eine Minute Zeit! Wer zuerst fertig ist, hat gewonnen:

Aufmerksamkeitstest

1. Lies alles, bevor du weitermachst.
2. Schreib ganz schnell deinen Vornamen in die rechte obere Ecke.
3. Kreise im vorigen Satz das Wort „schnell" ein.
4. Zeichne zwei Kreise in die linke obere Ecke.
5. Schreibe die Anfangsbuchstaben deines Namens in die Kreise.
6. Unterschreibe dieses Blatt rechts unten mit deinem Nachnamen.
7. Unterstreiche deinen Vornamen.
8. Schreibe ein „x" in die linke untere Ecke.
9. Nun, da du alles gelesen hast, befolge bitte nur die Anweisung Nr. 2.

Um die Ecke gedacht

> Die Erfahrung zeigt, dass die meisten Menschen, ob Kind oder Erwachsener, unter Zeitdruck einfach „drauflos" lesen. Den Schülern soll mit diesem Test bewusst gemacht werden, wie sie Zeit und Energie sparen können.

Tipp für Ihre Schüler

Wenn du beim Zuhören Stichwörter notierst, bist du aufmerksamer und das Merken der Informationen fällt dir leichter (Tipp 58).

❯ Tipp 58

GRÜNDE FÜR DAS LERNEN AUFSCHREIBEN

4

Wer gute Gründe oder Motive hat, ein Ziel zu erreichen, der erreicht es leichter als jemand, der nicht einsieht, warum er ausgerechnet das lernen soll. Lassen Sie Ihre Schüler ihre Gründe für das Lernen notieren, oder kopieren Sie diese Seite und lassen Sie die Schüler entsprechende Antworten ankreuzen (Tipp 6).

❯ Tipp 6

Warum lernst du?
❏ Weil du neugierig auf das Thema bist?
❏ Weil du ganz viel wissen möchtest?
❏ Weil du ein bestimmtes Ziel erreichen willst?
❏ Weil du Lust hast, neue Dinge auszuprobieren?
❏ Weil du gern lernst?
❏ Weil du eine Belohnung erhoffst?
❏ Weil du sonst Strafe befürchtest?
❏ Weil du besser sein willst als deine Mitschüler?
❏ Weil du deine Eltern nicht enttäuschen willst?
❏ Weil du jemandem gefallen willst?
❏ Weil du zu einer Gruppe gehören möchtest?
❏ Weil du Kontakt mit einem Lernpartner möchtest?

Tipp für Ihre Schüler

Wenn du wichtige Informationen, Aufgaben oder Termine aufschreibst, kannst du sie später immer wieder lesen und brauchst keine Angst zu haben, dass etwas verloren geht. Wenn du keine Lust hast, etwas Bestimmtes zu tun, dann schreibe doch mal die Gründe auf, die dafür bzw. dagegen sprechen.

5

Ein Schüler, der weiß, warum er etwas lernt und der ein langfristiges Ziel hat, z. B. die Versetzung, den Schulabschluss, einen bestimmten Beruf, oder ein kurzfristiges Ziel, wie z. B. eine Belohnung, die Erfüllung eines Wunsches, ist

> Tipp 4

motivierter und damit aufmerksamer (Tipp 4). Er hat mehr Ausdauer und gibt bei Schwierigkeiten nicht gleich auf. Regen Sie Ihre Schüler an, sich Gedanken über Ziele zu machen und zwar *schriftlich*. Auf diese Weise werden Ziele konkret formuliert und das Erreichen des Ziels in der Vorstellung bereits vorgezeichnet. So, wie sich ein Sportler im Mentaltraining den Sieg bereits als errungen vorstellt und die Freude empfindet, die er dabei spürt, so sollten auch Schüler sich in Gedanken als jemanden sehen, der glücklich das gesteckte Ziel erreicht hat und Eltern und Lehrer damit

> Tipp 10, 11

zum Strahlen bringt (Tipp 10, 11).

Um die Ecke gedacht

Vorteile der Zielsetzung:
- Schüler behalten immer den Überblick.
- Schüler setzen die richtigen Prioritäten.
- Schüler sind aufmerksamer und setzen ihre Fähigkeiten optimal ein.
- Körper und Geist stellen sich automatisch auf das Lernen und auf das Ziel ein, sind sozusagen programmiert.

Tipp für Ihre Schüler

Auf dem Weg zum Ziel: Male auf einem Plakat den Weg zu deinem Ziel und schreibe auf den Weg, was du tun musst, um dein Ziel zu erreichen. Jetzt kannst du jeden Tag oder einmal in der Woche ein Smiley für ein erreichtes Zwischenziel dazu malen.

Du kannst auch einen dicken Wollfaden aufhängen, der so viele Zentimeter lang ist, wie es Tage oder Wochen dauern wird, bis du dein Ziel erreicht hast. Dann schneidest du jeden Tag einen Zentimeter ab und siehst, wie du dem Ziel näher kommst.

6

Wenn Ihre Schüler erkannt haben, wie wichtig es ist, sich bei Aufgaben im Unterricht, bei einem Test, einer Klassenarbeit, oder bei den Hausaufgaben immer erst einen Überblick zu verschaffen, sollten sie lernen, sich in diesen Situationen die richtigen Fragen zu stellen (Tipp 3):

❭ Tipp 3

- Was will ich in diesem Fach (z. B. Mathe) lernen? Was ist mein Ziel?
- Wie viel Zeit habe ich zum Lernen?
- Wann habe ich Zeit (Tipp 7–9, 15)?

❭ Tipp 7–9, 15

- Wie sieht mein Lernstoff aus?
- Was weiß ich bereits darüber?
- Welche Bücher und welche Materialien brauche ich?
- Wo kann ich Informationen und Hilfe bekommen?

Tipp für Ihre Schüler

Stelle Fragen!

Wenn du für eine Klassenarbeit oder ein Referat lernst, dann stelle dir zunächst Fragen und beantworte sie. Wenn du Fragen formulierst – so wie sie der Lehrer vielleicht stellt –, beschäftigst du dich mit dem Text und dir wird schnell klar, was du bereits sicher weißt und was du dir noch einmal genau anschauen musst. Wenn du kannst, nimm Fragen und Antworten auf und höre sie dir am Tag vor Arbeiten und Tests noch einmal an.

DIE WOCHE PLANEN I

7

Es genügt nicht, sich nur einen Überblick über zu erledigende Aufgaben zu verschaffen, Fragen zum jeweiligen Lernstoff zu stellen und Prioritäten zu setzen (Tipp 4–6). Wichtig ist auch eine gute Zeitplanung, denn wenn der Stoff in Portionen eingeteilt und auf die zur Verfügung stehenden Tage verteilt wird, merkt der Schüler, wie viel Zeit er dafür einsetzen muss und vermeidet so von vornherein Stress.

❭ Tipp 4–6

Aufgaben können auf kleine, selbstklebende Zettelchen geschrieben werden, damit sie besser nach Wichtigkeit sortiert und eventuell in einen Lernkalender geklebt werden können.

Achtung!

> Da trotz Planung immer etwas Unvorhergesehenes dazwischen kommen kann, sollten „Pufferzeiten" mit eingeplant werden. Auch Zeit für Wiederholungen sollte schon zu Beginn der Planung einberechnet werden (Tipp 54).

❯ Tipp 54

Übung

Aufgaben erledigen: richtig, rechtzeitig, schnell

1. Zunächst sollen sich die Schüler einen Überblick über zu erledigende Aufgaben verschaffen.
2. Danach schreiben sie alle Aufgaben auf einzelne Zettel.
3. Anschließend werden die Aufgaben nach Dringlichkeit sortiert: Was muss sofort gemacht werden und was hat noch etwas Zeit?
4. Jetzt überlegen sich die Schüler, wie lange sie für die einzelnen Aufgaben brauchen.
5. Wiederholungs- und Pufferzeiten werden mit eingeplant.
6. Die Schüler heften die Aufgaben in der Reihenfolge, die sie sich überlegt haben, an die Pinnwand, an einen Wochenplan oder in einen Kalender (Tipp 8).

❯ Tipp 8

Tipp für Ihre Schüler

> Nutze eine Pinnwand: Hast du schon für wichtige Informationen und Termine eine Pinnwand in deinem Zimmer? Wenn nicht, dann besorge dir gleich eine. Du kannst auch ein quadratisches Stück Pappe bunt anmalen oder bekleben und dann selbstklebende Zettel benutzen.

Bei der Planung der Woche können Aufgaben je nach Dringlichkeit auch unterschiedlich *farblich* gekennzeichnet werden, damit der Schüler sich nicht „verzettelt" (Tipp 7).

❯ Tipp 7

Die Wichtigkeit und Dringlichkeit der zu erledigenden Aufgaben erkennt der Schüler an den Farben:

- Rot = sehr wichtig = A-Aufgaben, die sofort erledigt werden müssen.
- Orange = wichtig = B-Aufgaben, die nicht sofort, aber bald gemacht werden müssen.
- Gelb = nicht so eilig = C-Aufgaben, die erst am Ende der Woche oder in der nächsten Woche erledigt werden müssen.

Alle Aufgaben, die erledigt sind, werden durchgestrichen. Das gibt ein gutes Gefühl, da man sofort sieht, was noch zu tun und wie viel schon geschafft ist (Tipp 4, 5).

❯ Tipp 4, 5

Noch nicht erledigte Aufgaben werden natürlich in den nächsten Wochenplan übertragen, aber dann mit einer anderen Farbe versehen. Aus Gelb wird Orange, aus Orange wird Rot.

Finden Sie mit den Schülern heraus, wie sie ihre Zeit verbringen. Wo sind „Zeitdiebe" versteckt? Die Schüler können ihre Wochenpläne zu Hilfe nehmen und die unterschiedlichen Tätigkeiten bunt kennzeichnen (Tipp 7, 8): Computer

❯ Tipp 7, 8

rot, Fernsehen orange, frische Luft grün, Schlafen blau, Elternzeit gelb. Im Anschluss können Sie diese ausgefüllten Wochenpläne bei Elterngesprächen einbeziehen und gemeinsam mit den Eltern auswerten.

Dieser Test soll den Schülern aber vor allem bewusst machen, wie sie ihren Tag verbringen und welche Bewegungs- und Ernährungsgewohnheiten sie haben (Tipp 18).

❯ Tipp 18

Übung

Lassen Sie Ihre Schüler folgende Fragen beantworten und den Wochenplan entsprechend bunt ausmalen. Klären Sie vorher, dass es keine richtigen und falschen Antworten, sondern nur wahre Aussagen gibt.

Test: Womit verbringst du deine Zeit?

- Wie viele Stunden schläfst du?
- Wie viele Stunden täglich bewegst du dich an der frischen Luft?
- Wie viele Stunden spielst du täglich (nicht am Computer)?
- Wie viele Stunden verbringst du täglich vor dem Fernseher?
- Wie viele Stunden sitzt du täglich am Computer?
- Wie viele Minuten unterhältst du dich am Tag mit deinen Eltern?
- Wie oft in der Woche spielen oder unternehmen deine Eltern etwas mit dir?
- Gibt es bei euch ein gemeinsames Frühstück?
- Frühstückst du regelmäßig zu Hause?
- Gibt es regelmäßig ein gemeinsames Mittagessen?
- Wie viel trinkst du am Tag (ohne Cola und Kaffee)?
- Wie oft isst du Süßes in der Woche?
- Was schätzt du, wie viel Gramm Süßes isst du in einer Woche?

Tipp für Ihre Schüler

Welche Zeitdiebe spürst du auf?

Mache dir klar, wofür du in der Woche die meiste Zeit verwendest und wofür die wenigste.

Wenn du gut in Mathe bist, kannst du die Stunden in einen prozentualen Anteil umwandeln und in ein anschauliches Diagramm umsetzen. Bist du über das Ergebnis erstaunt oder war das schon vorher klar?

Das Ziel, der später eintretende Erfolg, sollte bereits zu Beginn des Lernens visualisiert werden. Wenn ein Schüler gerade etwas Positives geleistet hat, ist es wichtig, sich diesen erreichten Erfolg vor Augen zu führen. Regen Sie Ihre Schüler an, über dem Schreibtisch oder an der Tür einen Erfolgskalender aufzuhängen, auf dem jedes Lob, jede gute Leistung und jede Verbesserung durch ein Smiley dargestellt wird (Tipp 4, 5).

❯ Tipp 4, 5

Um die Ecke gedacht

Erfolg fördert Erfolg! Visualisierter Erfolg motiviert, sich weiter anzustrengen, gibt neue Energie und Mut für schwierige Aufgaben.

Tipp für Ihre Schüler

Erfolg muss sichtbar sein! Wenn dir etwas gelungen ist, wenn du eine gute Note erhalten hast, dann male dir doch ein lachendes Smiley in deinen Kalender oder auf ein Blatt Papier, das du an deine Pinnwand hängst. Wenn es dann mal nicht so super läuft, schaust du auf die Smileys. Das gibt dir wieder Kraft und Zuversicht.

POSITIVES DENKEN GIBT ENERGIE

11

Wenn Sie es als Lehrer schaffen, dass Ihre Schüler eine positive Einstellung zu Ihrem Fach oder noch besser zum Lernen allgemein bekommen, dann wird das Lernen im wahrsten Sinne kinderleicht. Eine positive Grundstimmung führt zu mehr Selbstbewusstsein, zu Neugier und Begeisterung – der Lernerfolg ist vorprogrammiert (Tipp 1). Eine negative Grundstimmung sorgt hingegen für Angst vor dem Versagen, Denkblockaden, sinkendes Selbstvertrauen – das Ergebnis sind Misserfolge.

❯ Tipp 1

Achtung!

> Die Einstellung des Lehrers und die Einstellung des Schülers entscheiden über den Lernerfolg. Sprechen Sie deshalb mit Ihren Schülern jeden Morgen gemeinsam einen Satz mit einer positiven Lerneinstellung. Sie werden sehen, dass sich dies nach einigen Wochen regelmäßigen Wiederholens positiv auswirkt (Tipp 98).

> Tipp 98

Übung

Positive Lerneinstellungen

Wählen Sie jeden Morgen einen Satz, den Sie gemeinsam laut mit den Schülern sprechen, wie z. B.:

- Ich schaffe das!
- Mein Gedächtnis wird von Tag zu Tag besser.
- Wenn ich lerne, bin ich voll konzentriert.
- Ich gehe ruhig und gelassen an meine Aufgaben.
- Ich stelle mir meinen Lernerfolg bildhaft vor (Tipp 10).
- Ich mache meine Hausaufgaben immer nach einem Plan (Tipp 15).
- Ich gebe mein Bestes, aber ich erwarte nicht zu viel von mir.
- Ich habe Geduld mit mir und mit anderen.
- Ich freue mich über jeden kleinen Lernfortschritt.
- Jeder kleine Lernfortschritt gibt mir Kraft und Energie, weiterzulernen.

> Tipp 10

> Tipp 15

Tipp für Ihre Schüler

> Klopfe dir selbst mal auf die Schulter! Wenn du etwas gut gemacht hast, belohne dich selbst, wenn sonst niemand deine Leistung anerkennt. Tiere im Zirkus werden mit Futter und mit Worten gelobt, wenn sie ein Kunststück vollbracht haben, damit sie sich weiter anstrengen. Bei uns Menschen funktioniert das ähnlich. Wenn wir gelobt werden und uns selbst belohnen, dann haben wir viel mehr Lust, uns weiter anzustrengen (Tipp 17). Das heißt jetzt aber nicht, dass du dich ständig „füttern" sollst, wenn du schwierige Fälle löst. Es gibt noch andere Möglichkeiten. Welche fallen dir ein?

> Tipp 17

Ob ein Schüler besser auf visuelle, auditive oder kinästhetische Informationen und Anregungen reagiert, erkennen Sie unter anderem an seinen Formulierungen.

Ein visueller Lerntyp sagt:

Visuell

- Das kann ich sehen/beobachten/zeigen.
- Ich habe ein klares Bild von der Situation.
- Mein Blick geht in diese Richtung.
- Ich stelle mir vor, …
- Ich schaue schnell mal, …
- Der Anblick hat mich beruhigt.
- Es sieht gut aus.

Ein auditiver Lerntyp sagt:

Auditiv

- Ich höre gern …
- Wenn ich zuhöre, …
- Das war zu laut/zu leise.
- Im Einklang mit meiner Arbeit …
- Es spricht vieles dafür, …

Ein kinästhetischer Lerntyp:

Kinästhetisch

- benutzt gern Adjektive wie: glatt, rau, weich, warm, kühl, fest, lose,
- hat etwas im Griff oder windet sich aus einer Situation,
- schlüpft in eine andere Rolle oder versteckt sich hinter seinen Worten,
- rennt davon, wenn es schwierig wird.

Übung

Lassen Sie eine Geschichte oder, besser noch, eine Detektivgeschichte schreiben und achten Sie auf die Formulierungen Ihrer Schüler (Tipp 21).

❯ Tipp 21

Tipp für Ihre Schüler

Achte darauf, wie du Situationen und Menschen beschreibst! Beobachte genau, ob du dir eine Information leichter merkst, wenn du sie hörst, schreibst oder geschrieben siehst, ein Bild betrachtest oder etwas ausprobierst.

13

Jeder Mensch lernt auf seine Weise. Der eine kann gesehene Dinge besser behalten, der andere gehörte und der dritte lernt dann besonders gut, wenn er Dinge spüren oder anfassen darf. Der eine Schüler lernt lieber allein, der andere braucht die Nähe der Familie oder von Freunden. Der eine braucht zum Lernen das Gespräch, die Auseinandersetzung, der andere absolute Ruhe oder leise Musik. Es gibt fast ebenso viele Lerntypen wie es Lernende gibt. Welcher Lerntyp man ist, hängt mit der Ausbildung des Grundmusters unseres Gehirns in frühester Kindheit zusammen. In den ersten Monaten nach der Geburt und vielleicht sogar schon im Mutterleib werden die Gehirnzellen, je nach individueller Wahrnehmung, individuell „verdrahtet" und es entsteht ein ganz spezielles Netz, das für den Menschen so einmalig ist wie sein Fingerabdruck. Die Art der Verbindungen, dieses Grundmuster, ist wichtig für die Verständigung der Menschen untereinander. Wenn ein Schüler die Gedankengänge seines Lehrers gut nachvollziehen kann und bei Fragen immer genau weiß, worauf der Lehrer hinaus will, dann ist er sprichwörtlich „auf der gleichen Wellenlänge", dann besitzt er ein ähnliches Grundmuster. Dieses Grundmuster entscheidet darüber, ob wir mehr ein Sehtyp, ein Hörtyp, ein Fühltyp, ein motorischer Typ, ein Gesprächstyp usw. sind. Für den Lehrer ist es unmöglich, auf alle Lerntypen einzugehen (Tipp 21). Das Wissen um diese Vielfalt ist jedoch für das Verständnis der Schwierigkeiten, mit denen ein Schüler mitunter zu kämpfen hat, wichtig. Die Begriffe „Dummheit" und „Intelligenz" bekommen so einen anderen Stellenwert.

❯ Tipp 21

SOS-Tipp

> Wenn ein Schüler dem Unterricht bei einem bestimmten Lehrer nicht gut folgen kann und auch beim besten Willen oft nicht versteht, was der Lehrer meint, so geben Sie ihm den Rat, sich ein Sachbuch zu diesem Thema aus der Bücherei zu holen oder sich im Internet mit dem Sachverhalt

noch einmal vertraut zu machen. Wenn der Text in einem Schulbuch für einen Schüler nicht verständlich ist, soll er probieren, in einem anderen Buch Informationen und Zusammenhänge nachzulesen.

Lerntyp-Test für Schüler

Ich verstehe/behalte etwas, …	sehr gut (+)	mittel (o)	schlecht (-)
wenn der Stoff mündlich vorgetragen wird.			
wenn ich Bilder anschauen oder Modelle anfassen bzw. bauen kann.			
wenn ich einen Film zu einem Thema sehen kann.			
wenn wir im Unterricht Gruppenarbeit machen.			
wenn mir ein Erwachsener, den ich mag, den Stoff allein erklärt.			
wenn mir ein Schulfreund Sachverhalte erklärt.			
wenn ich allein mit einem Schulbuch lerne.			
wenn ich aus meinem Heft lerne.			
wenn ich die wichtigsten Informationen mit meinen eigenen Worten aufschreibe.			
wenn ich den gemerkten Lernstoff mir selbst laut erzähle.			
wenn ich etwas selbst erlebt habe.			
wenn der Lernstoff mich an etwas Angenehmes erinnert.			

Ich verstehe/behalte etwas, ...	sehr gut (+)	mittel (o)	schlecht (-)
wenn der Lernstoff mich an etwas Unangenehmes erinnert.			
wenn ich den zu lernenden Text öfter lese.			
wenn mir jemand eine Geschichte zu dem Lernstoff erzählt.			
wenn ich den Lernstoff interessant finde.			
wenn ich die Informationen langweilig finde.			
wenn ich Informationen lernen muss.			
wenn ich entscheide, dass ich die Infos lernen will.			
wenn ich Angst habe, dass ich es wieder vergesse.			
wenn der Lerntext außergewöhnlich und lustig ist.			

Tipp für Ihre Schüler

Überlege dir einmal, wie du am besten lernst, ob du lieber allein übst oder mit einem Freund, ob du gern leise Musik beim Lernen hörst, lieber am Küchentisch lernst oder lieber an einem Ort, an dem es ganz ruhig ist. Überlege mal, ob du dir Dinge besser merken kannst, wenn du sie anfassen kannst, sie siehst oder wenn du die Wörter hörst. Verstehst du eine Mathematikaufgabe besser, wenn sie dir jemand erklärt oder wenn du dich mit einem Freund darüber unterhältst? Helfen dir Bilder und Skizzen beim Lernen oder eher Formeln? Jeder Mensch lernt anders, und es gibt ganz viele unterschiedliche Lerntypen. Für deinen Lernerfolg ist es wichtig, dass du erkennst, was für dich am besten ist.

14

Dieser „Test" soll den Schülern bewusst machen, was ihnen wichtig ist, wonach sie sich sehnen und wie sie sich fühlen. Bevor Sie die Schüler diese Fragen schriftlich beantworten lassen, machen Sie ihnen deutlich, dass es keine richtigen und falschen Ergebnisse gibt, wie bei einem Schultest, sondern dass es nur darauf ankommt, spontan und ehrlich zu antworten, um damit etwas über sich selbst zu erfahren (Tipp 9, 13, 19).

> Tipp 9, 13, 19

Wie sehe ich mich?

	ja	nein	ein bisschen
Ich gehe gern in die Schule.			
Ich bin im Unterricht sehr still.			
Ich kann gut zuhören.			
Ich rede sehr gern.			
Ich arbeite gern mit den Händen.			
Ich lese gern.			
Ich bin hilfsbereit.			
Ich bin gern allein.			
Ich halte gern Referate.			
Ich bin musikalisch.			
Ich bin sportlich.			
Ich habe Angst vor Klassenarbeiten.			
Ich möchte, dass alle Mitschüler mich mögen.			

	ja	nein	ein bisschen
Ich möchte, dass die Lehrer mich mögen.			
Ich brauche viel Anerkennung.			
Ich habe Lieblingsfächer.			
Ich habe Fächer, die ich gar nicht mag.			
Ich komme mit allen Mitschülern gut aus.			
Ich habe Angst, mich zu blamieren.			
Ich bin sehr selbstbewusst.			
Ich vergleiche mich mit anderen.			
Ich fühle mich besser als die Lehrer mich beurteilen.			
Ich schätze mich schlechter ein als die Lehrer mich sehen.			
Ich habe bei einer schlechten Note das Gefühl, ein Versager zu sein.			
Ich habe sehr große Erwartungen an mich.			

Um die Ecke gedacht

Im Alter von elf bis zwölf Jahren wird im Gehirn ein Stoff gebildet, der alle Verbindungsstellen auflöst, die bis dahin nicht oder kaum benutzt worden sind. Wenn man danach z. B. Französisch lernen möchte, ist das nicht mehr so einfach. Es müssen erst einmal neue Schaltstellen im Gehirn gebaut werden, bevor man so richtig loslegen kann. Lernen ist also in den ersten elf bis zwölf Lebensjahren am mühelosesten.

15

Dieser Test soll den Schülern bewusst machen, wie sie ihre Hausaufgaben machen und sich auf den nächsten Tag vorbereiten. Gleichzeitig erhalten sie damit Tipps für ein erfolgreiches Arbeiten.

Regen Sie die Schüler dazu an, sich diesen Test zu Hause an die Pinnwand zu heften und immer wieder mal draufzuschauen und zu überlegen, was sie eventuell verbessern können. Lassen Sie die Fragen einige Zeit später – vielleicht vor den Halbjahreszeugnissen – noch einmal beantworten. So kann jeder Schüler feststellen, was sich positiv (oder negativ) verändert hat.

Hausaufgaben planen

Wie arbeite ich?

	ja	nein	ab und zu
Ich mache jeden Tag meine Hausaufgaben.			
Ich mache meine Hausaufgaben immer allein.			
Ich mache meine Hausaufgaben immer zur gleichen Zeit.			
Ich mache meine schriftlichen Aufgaben immer an demselben Platz.			
Ich führe ein Hausaufgabenheft.			
Ich mache meine Hausaufgaben in einer bestimmten Reihenfolge, die ich vorher festlege.			
Ich wechsle bei den Hausaufgaben immer zwischen mündlichen und schriftlichen Aufgaben ab.			
Vokabeln lerne ich am Anfang.			

	ja	nein	ab und zu
Ich mache regelmäßig Pausen, in denen ich aufstehe, das Fenster öffne, etwas trinke, meinen Blick schweifen lasse, ...			
Ich streiche mit Freude im Hausaufgabenheft die gemachten Aufgaben durch.			
Ich achte darauf, dass meine Hefte und Mappen immer in Ordnung sind.			
Alle Hefte und Mappen besitzen ein Inhaltsverzeichnis.			
In meinem Federmäppchen sind immer angespitzte Stifte, ein Füller mit Ersatzpatrone, ein Radiergummi, ein Anspitzer, ein Geodreieck, eine Schere, ...			
Abends packe ich meine Schultasche ganz aus und dann anhand des Stundenplans wieder neu ein.			
Abends wiederhole ich Vokabeln und bereits Gelerntes.			
Abends lerne ich nichts Neues mehr und löse keine Aufgaben, die ich mir vorher noch nicht angeschaut habe, damit ich gut schlafe.			
Für Klassenarbeiten lerne ich rechtzeitig.			
Am Tag vor einer Klassenarbeit lerne ich nichts Neues mehr.			
Ich mache mir Pläne.			
Als Belohnung male ich Smileys für eine gut gelungene Arbeit.			

Tipp für Ihre Schüler

Schreib mal Tagebuch!
Wenn du dir ein Tagebuch zulegst und jeden Tag wichtige Ereignisse und Gedanken darin aufschreibst, hast du quasi ein zweites Gedächtnis, das dir hilft, wenn dein Gehirn streikt. Außerdem trainierst du so, wichtige Dinge bewusst wahrzunehmen, damit du sie später aufschreiben kannst (Tipp 20). Wenn du nach einiger Zeit in diesem Tagebuch liest, erkennst du, wie du dich verändert hast und was in deinem Schulalltag besser (schlechter) geworden ist. Nimm dann einen Textmarker und streiche alle positiven Tatsachen und Veränderungen an.

❯ Tipp 20

LERNERFOLG DURCH MOTIVATION

16

Die Motivation, sich einem neuen Thema zuzuwenden und/oder etwas zu verändern, ergibt sich aus der Begeisterung für eine Sache, der Unzufriedenheit mit der momentanen Situation, einer konkreten Vorstellung von der Zukunft und dem Glauben an die Machbarkeit. Motivation und Lernerfolg bilden eine Spirale, in der sie sich gegenseitig immer wieder positiv beeinflussen (Tipp 10).

❯ Tipp 10

Übung

Geben Sie Ihren Schülern mit diesem Lückentext ein paar „Tricks" an die Hand, um die Motivation zu vergrößern beziehungsweise aufrechtzuerhalten.

„Tricks", damit das Lernen leichter fällt:
Wo gehören diese Wörter hin?
Belohnungen – Lerngewohnheiten – Büchern, die viele Bilder enthalten – wohlfühlst – Lernpartner – Lernplatz – Wettbewerb – neugierig – Zwischenziele – gut drauf – Erfolgskontrollen

▬ Mache häufig _____ . Erfolge geben dir neue Energie um weiterzulernen.

- Versuche nicht alles auf einmal zu bewältigen, sondern setze dir _____ .
- Plane _____ ein und freue dich darauf.
- Betrachte das Lernen wie eine Sportart und suche den _____ .
- Suche dir _____ . Zu zweit oder in der Gruppe lernt es sich leichter: So hast du immer den direkten Vergleich, wo du stehst.
- Sei _____ und stelle viele Fragen.
- Lerne aus _____ , die einfach und anschaulich den Stoff vermitteln. Thema Vulkanismus: Schau dir zunächst ein Sachbuch zu dem Thema an und lerne erst dann aus dem Schulbuch.
- Mache deinen _____ zu Hause so schön, dass du dich richtig _____ . Dann bist du ganz entspannt und deine grauen Zellen arbeiten doppelt so gut.
- Schaffe _____ , indem du immer zur gleichen Zeit und am selben Ort lernst. So überwindest du den Faulpelz in dir ganz leicht.
- Beginne mit dem Lernen, wenn du _____ bist und nicht, wenn du schlechte Laune hast, oder sehr verärgert bist. Lenke dich erst mit etwas Angenehmen ab und dann lege los.

Tipp für Ihre Schüler

Lege dir eine Ideensammlung an!
Wenn du öfter mal eine gute Idee oder einen guten Gedanken hast, dann lass' die Ideen nicht verloren gehen. Lege dir im Computer, in einer Kartei oder in einem Heft eine Ideensammlung an. Gefundene Ideen bringen neue Ideen hervor und motivieren dich, weiterzumachen.

Schüler hören täglich zu Hause und in der Schule sechsmal mehr negative oder kritische als positive Kommentare. Ist es da verwunderlich, dass bereits nach wenigen Schuljahren die Lust auf Schule vergeht? Lust verwandelt sich in Frust und bei vielen Schülern entstehen Lernblockaden. Ständiges negatives Feedback zerstört Selbstwertgefühl und Selbstvertrauen, verbindet Lernen und Schule mit Misserfolgen und baut auf Dauer ein negatives Selbstbild auf. Positives Feedback hingegen führt zu positiven Gefühlen, zu mehr Selbstvertrauen, zu einer größeren Gehirnleistung und damit zu Lernerfolg.

Positives Feedback

Die folgende Auflistung der Reaktionen, die bei einem Schüler auftreten können, der Angst hat, in die Schule zu gehen, wird Ihnen helfen, diese Angst bei Schülern leichter zu erkennen. In einem anschließenden Gespräch mit dem Schüler und den Eltern gelingt es dann hoffentlich schnell, diese Angst zu nehmen (Tipp 19).

❯ Tipp 19

Die Angst eines Schülers vor der Schule, vor dem Versagen, vor bestimmten Schülern oder Lehrern oder vor den Eltern kann sich äußern

Angst erkennen

- in Unsicherheit im Auftreten,
- in Kontaktscheu gegenüber Mitmenschen,
- in gereiztem Verhalten,
- in Ratlosigkeit,
- in Sprachhemmungen,
- in Hautblässe,
- in Schweißausbrüchen,
- in Übelkeit,
- in Magenbeschwerden,
- in Darmstörungen,
- in Druckgefühlen in der Herzgegend,
- in Veränderungen der Atmung in Tiefe und Frequenz (Tipp 41),

❯ Tipp 41

- in Schlafstörungen,
- in ständig schlechter Laune,

❯ Tipp 28–30 ▬ in Konzentrationsmangel (Tipp 28–30),
▬ in Gedächtnisproblemen,
▬ in Antriebsschwäche,
▬ in einer Flucht aus der Wirklichkeit.

Achtung!

Durch Strafen kann kein neues Verhalten aufgebaut, nur vorhandenes unterdrückt werden.

Um die Ecke gedacht

Durch 3-D-Sehen beim Betrachten magischer Bilder wird das Gehirn entspannt und leistungsfähig. Der Betrachter fühlt sich danach pudelwohl, da beim 3-D-Sehen sogenannte Glücksstoffe, Endorphine, im Gehirn ausgeschüttet werden.

FAKTOREN, DIE DAS LERNEN ERSCHWEREN

18

Die Situation in vielen Elternhäusern hat sich in den letzten Jahren extrem verändert. Kinder werden immer öfter sich selbst überlassen, sitzen stundenlang am Computer und vor dem Fernseher. Immer seltener treiben sie Sport oder bewegen sich an der frischen Luft. Auch in der Familie gibt es immer weniger Zeit und Lust für Gesellschaftsspiele wie Memory© oder Scrabble©. Früher haben sich die Kinder spielerisch – ohne es zu merken – auf die Anforderungen der Schule vorbereitet, haben im Spiel Fähigkeiten wie Geduld, Konzentration, Ausdauer, Vorstellungskraft, Kreativität erworben, die das Lernen im Unterricht erleichtern. Das Spielen in der Gruppe förderte soziale Kompetenzen wie z. B. Rücksicht aufeinander zu nehmen, gemeinsam eine Aufgabe zu lösen, sich gegenseitig zu unterstützen und zu helfen. Die vermehrte Bewegung bewirkte im Gehirn eine stärkere „Verdrahtung" der Nervenzellen und damit auch eine bessere Zusammenarbeit der beiden Hirnhälften (Tipp 50, 92). Das Spielen mit nicht technischem Spielzeug, sondern mit dem, was einfach da war, was man entdeckte, wie z. B. Hölzer, Steine, Gummiringe, Kastanien oder Moos führte zur Entwicklung von Fantasie und Kreativität und stellte eine ideale Voraussetzung für kreative Lösungen und logisches Denken dar, wie auch für das Erkennen und Begreifen von Zusammenhängen im Mathematik- oder Physikunterricht. Das Lesen von Kinderbüchern trug dazu bei, dass innere Bilder entwickelt wurden und dass das Vorstellungsvermögen allgemein zunahm. Außerdem verbesserten sich durch intensives, begeistertes Lesen Wahrnehmung, Rechtschreibung und Ausdauer.

❯ Tipp 50, 92

Mangel an Konzentration, Fantasie, Kreativität

Machen Sie sich als Lehrer einmal bewusst, welche Faktoren das Lernen erschweren, die Sie gut, ein wenig oder kaum beeinflussen können (Tipp 17, 59). Diese Liste hilft Ihnen sowohl bei der Planung Ihres Unterrichtes als auch beim Stellen von Hausaufgaben und bei Elterngesprächen.

❯ Tipp 17, 59

Was das Lernen erschwert:

- mangelnde Wahrnehmungsfähigkeit (Reizüberflutung, schnelles Überfliegen der Informationen im Internet) (Tipp 26),

❯ Tipp 26

- mangelnde Konzentrationsfähigkeit (zu viel Fernsehkonsum und zu viel Zeit am Computer),
- mangelnde Merkfähigkeit (mangelnde Wahrnehmung, geringe Konzentration, mangelndes Interesse),
- mangelndes Leseverständnis (zu wenig Bücher werden selbst gelesen oder vorgelesen),
- „Sprachlosigkeit" (mangelnde Gespräche im Elternhaus, Abkürzungen bei der Kommunikation mit Handy und E-Mail, …),
- nicht ausreichend trainierte rechte Hirnhälfte (zu wenig Fantasie- und Kreativaufgaben, zu wenig Spiele, zu wenig Bastelarbeiten),
- Unkenntnis der Lerntypen (Tipp 12, 13),

❯ Tipp 12, 13

- zu wenig Bewegung (zuviel Sitzen in der Schule, vor dem Computer und dem Fernseher),
- Unkenntnis der eigenen Gefühle (z. B. Angst),

- zu wenig Schlaf (eigener Fernseher im Kinderzimmer, zu viel Fernsehkonsum, Computerspiele und Internetsurfen),
- zu wenig Flüssigkeit (weniger als zwei Liter pro Tag, zu wenig Obst und Gemüse),
- falsche Ernährung (zu viel Süßes, zu fett, …),
- zu viel Stress (Leistungsdruck, Prüfungsangst, zu hohe Erwartungen),
- zu wenig direkte Belohnungen (Zuwendung und Anerkennung, nichtmaterielle Wunscherfüllung, zu viel Geldbelohnungen der Eltern).

Tipp für Ihre Schüler

Weißt du, dass dein Intelligenzquotient bereits nach drei Wochen Faulenzerferien um bis zu dreißig Prozent sinkt? Kein Wunder also, wenn du in den ersten Tagen nach den Ferien Probleme mit dem Gedächtnis und mit dem Denken hast. Versuche deshalb, dein Gehirn auch während der Ferien mit Wahrnehmungsaufgaben, Denkaufgaben und Rätseln zu fordern (Tipp 86).

❯ Tipp 86

19 LERNPROBLEME ERGRÜNDEN

❯ Tipp 17, 18

Wenn Sie sich bewusst gemacht haben und wissen, was das Lernen eines bestimmten Schülers erschwert, so haben Sie schon die grundlegenden Ursachen für Lernprobleme erkannt (Tipp 17, 18). Mit der folgenden Aufstellung, werden noch weitere Ursachen genannt und schülerbezogen konkretisiert. Sie haben damit eine Liste von Feststellungen, die Sie unterstützt, bei jedem Schüler die individuellen Ursachen für Lernprobleme zu ergründen, und Hilfsmöglichkeiten einzuleiten. Sie können auch die Eltern bitten, diese Liste für ihr Kind auszufüllen und sind dann in der Lage, Ihre eigene Einschätzung mit der der Eltern zu vergleichen. Das ist eine gute Basis für ein Gespräch und für eine zielgerichtete Lösung bestehender Probleme.

Individuelle Ursachen

Ursachen für Lernprobleme

	X
Der Schüler kann sich nicht oder nur sehr kurze Zeit konzentrieren.	
Der Schüler hat Schwierigkeiten bei der Wahrnehmung von Informationen.	
Er hört nicht zu, weil er mit anderen Dingen beschäftigt ist. Vielleicht nimmt er auch nicht alle Details an der Tafel oder im Buch wahr, weil er Angst hat, weil er sich unter Druck gesetzt fühlt, weil es zu laut ist, weil er mit den Gedanken woanders ist.	
Der Schüler ist nicht gesund.	
Der Schüler ist oft müde, weil er zu spät ins Bett geht oder weil er Probleme wälzt.	
Der Schüler hetzt in der Freizeit von Termin zu Termin und findet am Nachmittag keine Ruhe, keine Zeit für entspannende Spiele, ...	
Der Schüler ist sehr langsam und kommt deshalb in der Regel nicht mit.	
Der Schüler interessiert sich nicht für den Lernstoff.	
Der Schüler hat zu wenig Vorkenntnisse in einem bestimmten Fach.	
Der Schüler braucht mehr Zuwendung. Wenn er nicht genügend positive Zuwendung erhält, provoziert er negative Zuwendung.	
Der Schüler fühlt sich überfordert oder unterfordert.	
Der Schüler leidet unter einer Rechtschreib- oder unter einer Matheschwäche.	

	x
Der Schüler ist sehr unselbstständig und braucht ständig Hilfe von Lehrern und Eltern.	
Der Schüler hat zu hohe Erwartungen an sich selbst und ist schnell frustriert, weil er diesen Ansprüchen nicht gerecht wird.	
Der Schüler fühlt die zu hohen Erwartungen der Eltern, möchte sie erfüllen, weil er sie liebt und schafft es nicht.	
Der Schüler fühlt sich von den Eltern oder von Lehrern gegängelt. Er möchte, dass sie ihm mehr zutrauen, ihn mehr selbstständig arbeiten lassen, ihm mehr Verantwortung geben.	
Der Schüler hat das Gefühl, dass die Ordnungsvorstellungen der Eltern oder Lehrer zu streng oder zu chaotisch sind.	
Der Schüler leidet unter der Ungeduld der Eltern oder/und einzelner Lehrer.	
Der Schüler leidet unter der Gleichgültigkeit, unter dem Desinteresse der Eltern oder/und einzelner Lehrer.	
Der Schüler leidet unter manchmal verletzenden Bemerkungen der Eltern oder/und einzelner Lehrer.	
Der Schüler fühlt, dass die Eltern sich nur gut fühlen, wenn sie stolz von den Leistungen ihres Kindes berichten können, dass sie sich mit dem Kind identifizieren und ihr Selbstwertgefühl über das Kind stärken wollen.	

20

Aufgabe der Wahrnehmung ist es, ein Weltbild zu entwickeln, aufgrund dessen es dem Menschen möglich ist, sich erfolgreich zu verhalten. Je mehr die Schüler bewusst wahrnehmen, desto sinnvoller können sie sich verhalten und desto mehr helfen ihnen diese Erfahrungen in zukünftigen Situationen.

Empfindungen, Gedächtnisinhalte, Interessen, Gefühle, Bedürfnisse und Erwartungen beeinflussen Wahrnehmung und Verarbeitung von äußeren und inneren Reizen, das Abspeichern und das Erinnern von Informationen.

Wahrnehmungsübungen aktivieren die Sinne, führen zu einem bewussteren Sehen, Hören und Erleben und damit zu einem besseren Gedächtnis (Tipp 14, 21–23, 25).

Weltbild entwickeln

❯ Tipp 14, 21–23, 25

Übung

Greenhorn

Genau hinschauen! Fordern Sie Ihre Schüler auf, im folgenden Kurztext alle „e" („o", „a") zu zählen:

In ersten Band von Karl Mays *Winnetou, der Rote Gentleman* (1883) heißt es zu Beginn des ersten Kapitels: „Lieber Leser weißt du, was das Wort Greenhorn bedeutet? – eine höchst ärgerliche und despektierliche Bezeichnung für denjenigen, auf welchen sie angewendet wird. Green heißt grün und unter horn ist Füllhorn gemeint. Ein Greenhorn ist also ein Mensch, welcher noch grün, also neu und unerfahren im Lande ist und seine Füllhörner behutsam ausstrecken muss, wenn er sich nicht der Gefahr aussetzen will, ausgelacht zu werden."

Tipp für Ihre Schüler

Schau dir deine Mitschüler und Dinge in deinem Umfeld so genau an, als wolltest du sie für eine berühmte Zeitschrift fotografieren und beschreiben. So trainierst du deine Wahrnehmung und dein Gedächtnis.

21

Ein Kind, das sich nicht konzentrieren kann, nimmt viele Details nicht wahr. Ein Schüler, der Wahrnehmungsschwierigkeiten hat, kann das Wesentliche eines Textes, einer Aufgabe nicht herausfiltern und verliert deshalb oft sehr schnell die Lust. In Stresssituationen, unter Zeit- oder Leistungsdruck, lässt die Konzentration extrem nach und mehrere Wahrnehmungskanäle werden einfach „abgeschaltet". Nur das Sinnesorgan, das normalerweise am meisten und intensivsten genutzt wird, bleibt aktiv (Tipp 12, 37). Das bedeutet, dass ein Schüler, bei dem die visuelle Wahrnehmung dominiert, in einer Stresssituation kaum noch mitbekommt, was der Lehrer sagt. Bei dominanter auditiver Wahrnehmung hingegen, werden optische Details (Buchtext, Tafelanschrieb) einfach nicht mehr richtig zur Kenntnis genommen.

❯ Tipp 12, 37

Wahrnehmungs-
kanäle aktivieren

Achtung!

Informationen möglichst oft sowohl visuell als auch auditiv präsentieren, damit mehrere Lerntypen die Möglichkeit haben, auch in Stresssituationen Inhalte aufzunehmen und zu verarbeiten!

Um einen Text schnell und mit Verstand zu lesen, sich gehörte oder gesehene Informationen einzuprägen, etwas zu begreifen, ist zum einen der Einsatz möglichst vieler Sinne, also eine gute Wahrnehmung, notwendig und zum anderen eine optimale Konzentration (Tipp 22, 23, 25).

❯ Tipp 22, 23, 25

Übung

Merkspiel

Spielen Sie mit Ihren Schülern ein kleines Merkspiel und setzen Sie sie dabei bewusst unter Zeitdruck, um ihre Konzentration zu trainieren:

1. Lesen Sie einen kurzen Text mit vielen Adjektiven und gut vorstellbaren Begriffen zügig vor (auditive Präsentation) und bitten Sie vorher die Schüler, sich möglichst viele Einzelheiten zu merken.

2. Zeigen Sie danach zwanzig Sekunden ein großes Plakat, auf dem viele kleine Gegenstände zu sehen sind (visuelle Präsentation) und bitten Sie die Schüler vorher, sich möglichst viele Einzelheiten zu merken.

Tipp für Ihre Schüler

Zeichne öfter mal Gegenstände und Bilder so schnell und so genau wie möglich ab wie du kannst, um deine Konzentration zu stärken.

DIE BEWUSSTE WAHRNEHMUNG TRAINIEREN

22

Stellen Sie sich vor, die bewusste Wahrnehmung könnte auf einem Maßband gemessen werden und entspräche etwa fünf Millimetern. Was glauben Sie, wie groß wäre auf diesem Maßband die Strecke, die unserer unbewussten Wahrnehmung entsprechen würde?

Das, was wir unbewusst wahrnehmen, käme auf dem Maßband einer Strecke von etwa fünf Kilometern gleich! Das bedeutet, dass pro Sekunde Millionen von Informationen über die Sinnesorgane von außen und durch innere Reize im Körper registriert werden und dass davon nur ein kleiner Bruchteil in unser Bewusstsein gelangt. Eine Steigerung der bewussten Wahrnehmung um hundert Prozent wäre schon eine enorme Verbesserung, denn alles, was Sie bewusst aufnehmen und mit Bekanntem in Beziehung setzen, kann sicher gespeichert werden und ist damit auch jederzeit abrufbar. Sie werden einwenden: „Es gibt doch Situationen, in denen man sich etwas merkt, obwohl man gar nicht bewusst darauf geachtet hat und diese Information überhaupt nicht wichtig erscheint, z. B. die Farbe eines Kleides oder eine bestimmte Haarfrisur." In diesen Situationen stellt unser Unterbewusstsein zu diesen für uns im Augenblick unwichtigen Informationen eine Verbindung her, d. h. eine Verbindung zu einer intensiven Wahrnehmung in der Vergangenheit, oder es wird damit eine große Emotion verbunden.

Wenig bewusst, viel unbewusst wahrnehmen

Es gibt viele Möglichkeiten, die bewusste Wahrnehmung zu trainieren:

- mit einer speziellen Aufgabenstellung einen Tag oder eine Woche auf eine bestimmte Farbe, eine Form, ein Geräusch usw. achten,
- mit Original- und Fälschungsbildern, auf denen Fehler gefunden werden müssen,
- mit Bildern, auf denen Gegenstände versteckt sind, die nicht hier hingehören,
- mit Bildern, auf denen ein kleiner Gegenstand mehrfach erscheint und möglichst schnell gezählt werden muss,
- mit Bildern, auf denen Gegenstände (oder Teile) gesucht werden müssen, die zusammengehören.

Erinnerung ist an Emotionen gekoppelt

Über Augen, Ohren und Nase dringen Reize und Informationen direkt in den hochsensiblen Gefühlsfilter des Gehirns. Die vielen Millionen Nervenzellen des Emotionszentrums, des Mandelkerns, messen in Sekundenschnelle den Gefühlsgehalt des Erlebten. Je mehr ein Ereignis aufregt, umso leichter speichert es das Gehirn. Hat der Körper bei einer Gipfeltour Endorphine ausgeschüttet, koppelt das Gedächtnis entsprechend viele Glückspunkte an diese Erinnerung. Dann werden diese Informationen im biografischen Gedächtnis, bei Rechtshändern in der rechten Gehirnhälfte, ❯ Tipp 51 abgespeichert (Tipp 51). Wut, Angst und Trauergefühle, die den Körper mit Stresshormonen überfluten, merkt sich das Gedächtnis entweder besonders stark oder sie werden als Schutzfunktion „untergetaucht" und sind nicht erreichbar. Jede Erinnerung an vergangene Situationen aktiviert automatisch die daran gekoppelten Emotionen. Faktenwissen speichert das Gehirn bei Rechtshändern in der linken Gehirnhälfte.

Übung

Stellen Sie am Anfang jeder Woche eine ganz bestimmte Frage, die die Wahrnehmung verbessert und dazu führt, dass die Schüler ihre Umgebung eine Woche lang mit einem ganz besonderen Blick betrachten.

Was ist alles rund …
- in deinem Zimmer?
- im Wohnzimmer?
- in der Wohnung?
- auf dem Schulweg?
- in der Schule?
- bei Freunden?

- Was ist in deiner Umgebung alles eckig?
- Was ist in deiner Umgebung alles spitz?
- Was ist in deiner Umgebung alles weich?
- Was ist in deiner Umgebung alles rot, blau, gelb, grün?
- Was ist in deiner Umgebung alles lang?
- Was ist in deiner Umgebung alles kleiner als deine Hand?
- Was ist in deiner Umgebung alles größer als du?

Tipp für Ihre Schüler

Trainiere deine Wahrnehmung: Stelle dir vor, du bist ein Detektiv und willst einen schwierigen Fall lösen: Achte auf alle Kleinigkeiten und auf Dinge, die an einem anderen Platz liegen oder sich irgendwie verändert haben.

ALLE SINNE BEIM LERNEN NUTZEN

23

Von den zur Verfügung stehenden fünf Sinnen kommen meistens nur zwei zum Einsatz: Hörsinn und Sehsinn. Der Mangel an intensiven körperlich-sinnlichen Erfahrungen wie Riechen, Schmecken, Tasten, führt zu einem Mangel des „Begreifens". Immer mehr kommt es zu Störungen in der Wahrnehmungsverarbeitung und zu Verhaltensauffälligkeiten. Der „Zappelphilipp" bestimmt zunehmend den Schulalltag. Fehlstunden und Fehltage durch Kopfschmerzen, Allergien, Störungen des Magen-Darmtraktes häufen sich ebenso wie die Klagen der Lehrer über die mangelnde Eigenständigkeit der Schüler, über Fantasielosigkeit und Bewegungsprobleme.

Je mehr Sinne beim Lernen eingesetzt werden, desto besser kann das Gehirn speichern und desto leichter fällt später das Abrufen. Diese Erkenntnis führt dazu, dass möglichst oft alle Sinnesorgane zum Einsatz kommen sollten. Geräusch- und Musikspiele, Tastübungen, das Erkennen und Merken von Düften und Gerüchen, sowie das Schmecken und Erinnern unterschiedlicher Stoffe, z. B. im Hinblick auf Lebensmittel, regen die Vorstellungskraft an und unterstützen das Gedächtnis. Wenn die rechte Gehirnhälfte – unter anderem zuständig für Fantasie und Kreativität – erst richtig in Schwung gekommen ist, können Sinneswahrnehmungen fantasievoll nachempfunden werden.

Fantasie und Kreativität fördern

Achtung!

Regelmäßige Wahrnehmungsübungen sollten in keinem Unterricht fehlen, denn sie führen nicht nur zu einem bewussteren Sehen, sondern auch zu einem bewussteren Erleben und damit zu mehr Aufmerksamkeit, Konzentration und einem guten Gedächtnis.

Übungen

Motivieren Sie Ihre Schüler mit allen Sinnen zu lernen:
- Lernstoff auf eine Kassette sprechen und dann abhören.
- Lernstoff anderen erklären und sich erklären lassen.
- Ein anschaulich bebildertes Heft führen.
- So oft wie möglich Gedankenbilder malen.
- Möglichst oft handelnd lernen, Dinge ausprobieren, den Lernstoff „begreifen" und „fühlen".
- Mit Düften lernen, denn alles was wir denken, lernen oder tun, wird mit dem jeweiligen Geruch verbunden, den unsere Nase gerade aufnimmt (Tipp 25).

❯Tipp 25

Regen Sie Ihre Schüler an …
❯Tipp 47
- möglichst oft zu lesen (Tipp 47),
- Radio oder Geschichten auf CD zu hören,
- auf Düfte und Gerüche im Umfeld zu achten,
- beim Essen öfter mal die Augen zu schließen und nur zu schmecken.

Tipp für Ihre Schüler

Nimm deine Umwelt bewusst wahr!
Höre Radio oder ein Hörbuch und verändere ganz langsam die Lautstärke bis du den Ton gerade noch hören kannst. Versuche, wenn du mit deinen Eltern spazieren gehst, ganz bewusst die Geräusche der Natur wahrzunehmen, z. B. das Plätschern eines Baches, das Rauschen der Blätter, das Rascheln des Laubs, durch das sie gehen, ...

FUNKTION DER HIRNHÄLFTEN BEACHTEN

24

Die unterschiedlichen Gehirnfunktionen werden schwerpunktmäßig von der linken bzw. der rechten Hirnhälfte gesteuert. Ebenso werden Bewegungen mit der rechten Körperseite von der linken Hirnhälfte gesteuert und Bewegungen der linken Körperhälfte von der rechten Hirnhälfte. Der Grund hierfür: Die Nervenbahnen überkreuzen sich im Bereich des Nackens (Tipp 92, 96).

❯ Tipp 92, 96
Unterschiedliche
Wahrnehmung

Die meisten Menschen sind Rechtshänder. Das bedeutet, dass die linke Hirnhälfte besonders aktiv bei Bewegungen und dominant ist. Sind linkes Auge und linke Hirnhälfte dominant, ist die visuelle Wahrnehmung weniger gut, da die Muskelbewegungen des dominanten Auges nicht von der dominanten Gehirnhälfte gesteuert werden. Die Leistungsfähigkeit der sinnlichen Wahrnehmung ist davon abhängig, ob das dominante Organ (Auge, Ohr, Hand) der dominanten Hirnhälfte gegenüberliegt. Unser Sehen ist nicht beidäugig, sondern ein Auge ist immer dominant und führt, während das andere Auge nur folgt. Das rechte Auge führt von links nach rechts, das linke Auge von rechts nach links. Jemand, dessen linkes Auge dominant ist, schaut zunächst auf den rechten Rand der Seite und von da nach links. So entstehen im Kopf leicht „Verdreher". Die Folge sind Lese- und vor allem Rechtschreibschwierigkeiten. Bei den Sprachen, die von rechts nach links gelesen werden, sind die linksäugig dominanten Schüler im Vorteil.

Achtung!

Bei zunehmender Müdigkeit nimmt die Häufigkeit begrifflicher Assoziationen (linke Hirnhälfte) ab, während „oberflächliche" und klangliche (reimende) Assoziationen (rechte Hirnhälfte) zunehmen. Wird also der begriffliche Einfluss schwächer, dann steigt der Einfluss einfacherer Strukturen auf das Denken. Dies wird dann in stärkerem Maße durch klangliche Zusammenhänge geprägt. Das bedeutet für den Unterricht, Erläuterungen zu einem Thema, neue Begriffe oder Fremdwörter sollten am Anfang der Stunde präsentiert werden, Reimspiele und Vorstellungsübungen besser am Ende des Unterrichts.

Tipp für Ihre Schüler

Gähne dich fit!
Gähne mal, wenn deine Konzentration nachlässt. Das bringt deinen Gehirnzellen Sauerstoff und neue Energie.

25 MIT DÜFTEN LERNEN

Alles, was wir denken, lernen oder tun, wird mit dem Geruch, mit dem Duft verknüpft, den unsere Nase parallel dazu aufnimmt. Das Einprägen englischer Vokabeln zum Thema „Essen & Trinken" mit dem gleichzeitigen Schnuppern des Duftes einer Pizza ist effektiver, vor allem, wenn beim Abrufen der Informationen der gleiche Duft den Raum erfüllt. Dasselbe gilt natürlich, wenn z. B. die Vokabeln zum Thema „Kaufhaus" mit einem ausgefallenen Parfum gelernt werden. Ist die Fantasie allerdings gut trainiert, reicht es schon, intensiv an den entsprechenden Duft zu denken und ❭ Tipp 23 ihn sich vorzustellen (Tipp 23).

Übung

▬ Lassen Sie die Schüler mit verbundenen Augen angenehme und unangenehme Gerüche riechen.

- Lassen Sie die Schüler mit verbundenen Augen unterschiedliche Materialien berühren und spüren.
- Lassen Sie die Schüler mit verbundenen Augen unterschiedliche Lebensmittel schmecken.

Tipp für Ihre Schüler

Wenn du alle Sinne und vor allem deine Nase beim Merken von Informationen einsetzt, behältst du sie besser und kannst dein gespeichertes Wissen später auch schneller abrufen.

Stell dir vor, wie du die folgenden Düfte und Gerüche schnupperst und sieh die Gegenstände in Gedanken vor dir liegen oder stehen: Zahnpasta – Zimtplätzchen – Shampoo – Zwiebel – Kaffee – Ölfarbe – frische Brötchen – Zitrone – Kleber – Bratfisch.

REIZÜBERFLUTUNG BEWÄLTIGEN

26

Die Gehirne der heutigen Jugendlichen haben sich aufgrund der veränderten Umwelteinflüsse (hoher Fernsehkonsum, viele Computerspiele und Surfen im Internet) erheblich anders entwickelt als die Gehirne der vorhergehenden Generationen (Tipp 21, 59). Die Wahrnehmungsfähigkeit wird durch Reizüberflutung herabgesetzt. Details werden oft weitgehend ausgeblendet. Andererseits können die heutigen Schüler weitaus mehr Dinge gleichzeitig verarbeiten, als Kinder vor zwanzig oder dreißig Jahren. Dafür liegt die Reizschwelle allerdings auch viel höher als früher. Das bedeutet, dass das Gehirn eine Multimediashow braucht, damit es überhaupt in Schwung kommt, sich die Zeit der Konzentrationsfähigkeit immer drastischer verkürzt und die Schüler viel öfter als früher kleine Pausen mit Entspannung und Bewegung brauchen, um wieder optimal zu arbeiten (Tipp 27). Es bedarf immer stärkerer Reize, um die Aufmerksamkeit der Schüler zu erreichen. Die Darbietungen im Unterricht, Gespräche und Gruppenaktivitäten liegen

› Tipp 21, 59

› Tipp 27

sehr häufig unterhalb der Ansprechschwelle. Die Gehirne sind sozusagen im Standby-Modus. Es leuchtet zwar ein kleines Licht, um anzuzeigen, dass Strom vorhanden ist, aber es geschieht nichts, man sieht und hört nichts. Um das Gehirn voll anzuschalten, braucht es sehr viel Energie von Seiten der Schüler wie auch der Lehrer. Und dennoch, nach kurzer Zeit schaltet das Gehirn des Schülers schon wieder automatisch auf Standby und braucht noch stärkere Reize

▶ Tipp 9, 80, 96 und noch mehr Aktionen als zuvor (Tipp 9, 80, 96).

Um die Ecke gedacht

Reizüberflutung erhöht die Wahrnehmungsschwelle. Je mehr Reize auf das Gehirn einströmen, desto intensiver müssen die Reize mit der Zeit werden, damit sie vom Gehirn als wichtig erkannt und überhaupt wahrgenommen werden.

Menschen, die ständig Lärm ausgesetzt sind, bekommen nicht nur irgendwann einen Hörschaden, sie reagieren auch erst auf Geräusche, die eine bestimmte Lautstärke haben.

Tipp für Ihre Schüler

Verbringe nicht zu viel Zeit am Computer und vor dem Fernseher, damit das Konzentrieren und Lernen nicht immer schwieriger wird! Das ist sehr anstrengend für deine Augen und bestimmte Bereiche des Gehirns werden dabei überlastet.

Außerdem werden viele Informationen, die du in der Schule aufgenommen und gemerkt hast, wieder gelöscht, wenn du gleich am Nachmittag den Computer und den Fernseher einschaltest.

Konzentration ist nicht nur höchste Aufmerksamkeit, sondern auch die Fähigkeit, sich mit einer Aufgabe oder Sache über einen längeren Zeitraum auseinanderzusetzen. Konzentrierte Kinder lernen besser! Schaut man in die Statistik, so stellt man fest, dass selbst „bewegte" Kinder nur ungefähr dreißig Minuten ruhig sitzen und konzentriert arbeiten können (Tipp 88, 95).

❯ Tipp 88, 95

Um die Ecke gedacht

Die Konzentrationsfähigkeit eines Menschen ist in der Regel je nach Lebensalter unterschiedlich lang:
- Fünf bis sieben Jahre: circa fünfzehn Minuten.
- Sieben bis zehn Jahre: circa zwanzig Minuten.
- Zehn bis zwölf Jahre: circa fünfundzwanzig Minuten.
- Zwölf bis sechzehn Jahre: circa dreißig Minuten.

Um die Konzentrationsfähigkeit zu erhöhen, ist es wichtig, sich während einer bestimmten Zeitspanne konsequent und zielgerichtet nur einer einzigen Aufgabe zuzuwenden.

Zielgerichtet arbeiten

Übungen
Alphabet-Übungen
- Lassen Sie möglichst schnell jeden (zweiten) dritten Buchstaben des Alphabetes nennen.
- Lassen Sie möglichst schnell jeden Großbuchstaben des Alphabetes nennen, der bei der Druckschrift keine/eine Rundung hat.
- Lassen Sie möglichst schnell jeden Buchstaben nennen, der nicht mit „e" gesprochen wird.
- Lassen Sie möglichst schnell jeden Buchstaben des Alphabetes nennen, den man in der Druckschrift mit drei geraden Strichen schreiben kann.

Zahlenspiele
- Lassen Sie möglichst schnell Zahlen nennen, die keine/eine Rundung haben.

- Lassen Sie möglichst schnell von hundert rückwärts alle Zahlen nennen, die durch drei (vier, fünf, sechs usw.) teilbar sind.

Tipp für Ihre Schüler

Kennst du Langeweile?
Wenn Dir mal langweilig ist, schalte das Radio ein und achte auf bestimmte Wörter, z. B. auf alle Wörter, die mit „r" enden oder mit „B" anfangen. Das ist ein gutes Konzentrationstraining. So fällt es dir später leichter, Gesprächen zu folgen oder deinem Lehrer zuzuhören.

KONZENTRATIONSPROBLEME ERGRÜNDEN

28

Konzentrationsprobleme fallen nicht vom Himmel, sie sind die Folge vieler unterschiedlicher Gegebenheiten. Meistens beeinträchtigt die Kinder etwas schon über einen längeren Zeitraum. Konzentrationsschwierigkeiten sind dann ein Signal, ein Zeichen, dass etwas in der Schule oder/und zu

❯ Tipp 29–31, 33   Hause nicht in Ordnung ist (Tipp 29–31, 33).

Ursachenforschung   Meistens entstehen Konzentrationsprobleme
- durch Stress in Form von Überforderung, Leistungsdruck, Zeitdruck, durch optische und akustische Reizüberflutung,

❯ Tipp 26, 59   - durch zu viel Fernsehkonsum (Tipp 26, 59),
- durch zu wenig Schlaf,
- durch zu wenig Bewegung und mangelnde Erholungsphasen,
- durch falsche Ernährung und falsche Essgewohnheiten,
- durch Krankheiten,
- durch zu wenig Zeit zum Spielen oder zur Entspannung,
- durch zu wenig Zeit der Eltern für das Kind,
- durch Angst vor Fehlern, Tadel oder Strafe,
- durch einen Mangel an Liebe, Verständnis und Geborgenheit.

Übungen

Sie können die Begriffe der folgenden Aufgaben langsam vorlesen und Ihre Schüler zählen dabei die Wörter, die gesucht werden. Sie können diese Übungen aber auch kopieren, verdeckt austeilen und als Spiel „Wer ist erster?" die Konzentration trainieren. Gleichzeitig üben Sie so, ganz nebenbei, Wahrnehmung und Rechtschreibung (Tipp 81).

❯ Tipp 81

„Vokalei"

Bei welchen Wörtern folgen mindestens drei Vokale aufeinander?

Koalabär, Bauaufsicht, Lauchauflauf, Maribuurlaub, Parteieintritt, Deutschaufsatz, Dachausbau, Staubsauger, Kleeertrag, Dateieintrag, Kloaufsatz, Geleeente, Hausgast, Kernreaktion, Couchtisch, Spielidee.

Die Aufgabe kann auch variiert werden:
- Wie viele Wörter enthalten drei Vokale (nicht hintereinander)?
- Wie viele Wörter enthalten vier Vokale?
- Wie viele Wörter enthalten mehr als vier Vokale (nicht hintereinander)?
- Wie viele „au" („ei") enthalten die Wörter?
- Wie viele Wörter enthalten mindestens vier unterschiedliche Vokale?

Zungenbrecher
- Zähle alle Wörter, die mit „F" („G", „Z", „S") beginnen.
- Zähle alle Wörter, die mit einem „e" („r", „s", „n") enden.
- Zähle alle Wörter mit zwei (drei) gleichen Buchstaben.

Fischers Fritz fischt frische Fische.
- Große Pferde grasen pflichtgetreu grüne Pfefferminze.
- Zwei Ziegen zwischen zehn Zwergen zögern zweifelnd.
- Krasse Zweifel kreisen zwischen kranken Zwergen.
- Schwarze Störche schwingen stumm schwere Schnäbel.
- Kluge Zwerge klettern zwischen kleinen Zweigen.
- Prasselnde Kastanien prallen krachend auf prachtvolle Köpfe.

29

BESSER EINFACH ALLES VERGESSEN!

Wenn Schüler ständig etwas vergessen, ist das nicht unbedingt auf ein schlechtes Gedächtnis, sondern eher auf fehlende Konzentration zurückzuführen. Dafür, dass die Konzentrationsfähigkeit vieler Kinder sehr zu wünschen übrig lässt, gibt es unterschiedliche Ursachen, die sowohl innerhalb als auch außerhalb des Elternhauses liegen können. Nicht selten flüchten sich Kinder in Unkonzentriertheit, wenn die Erwartungen der Eltern zu hoch und damit nicht zu erfüllen sind. Das führt oft zu

- Problemen oder Kummer,
- dem Gefühl, tausend Dinge auf einmal bewältigen zu müssen,

❯ Tipp 53 - Schlafmangel (Tipp 53),
- körperlichen Problemen.

Tipp für Ihre Schüler

Wenn du dir über die Ursachen für deine mangelnde Konzentrationsfähigkeit Gedanken gemacht hast, weißt du sicher schon, wo du etwas ändern kannst. Das ist natürlich nicht immer so einfach wie es sich anhört, aber versuche es und gib nicht so schnell auf! Sprich auch mit deinen Eltern, mit einem Freund oder einem Lehrer darüber.

30

KONZENTRATIONSMANGEL ENTTARNEN

Der unkonzentrierte Schüler lässt sich leicht durch kleinste Geräusche ablenken, er macht viele Flüchtigkeitsfehler, schaut oft verträumt aus dem Fenster, unterbricht ständig seine Arbeit, rutscht unruhig auf seinem Stuhl hin und her und spielt bei jeder Gelegenheit mit irgendwelchen Gegenständen oder mit seinen Fingern. Er braucht immer wieder neue Anregungen, da er sonst leicht die Lust an einer Sache ❯ Tipp 16, 26, 33 verliert (Tipp 16, 26, 33). Viele Aufgaben bringt er gar nicht oder sehr spät zu Ende.

Häufig äußert sich Konzentrationsmangel in Form von:

- mangelndem Interesse,
- Ruhelosigkeit,
- leichter Reizbarkeit,
- geringer Frustrationstoleranz,
- rascher Ermüdung,
- Ungeduld,
- negativer Einstellung,
- mangelnder Fähigkeit zuzuhören,
- häufigem Wechsel der Aufgaben,
- Nichtbeenden von Aufgaben,
- häufigem Aufschieben der Arbeiten,
- wiederholtem gedankenlosem Handeln,
- mangelnder Ausdauer,
- Flüchtigkeitsfehlern,
- Vergesslichkeit (Tipp 29).

❯ Tipp 29

SOS-Tipp

Wenn Sie bei Tests und Klassenarbeiten oder bei der Durchsicht der Hausaufgabenhefte Flüchtigkeitsfehler in einer anderen Farbe kennzeichnen, erkennen Sie sehr schnell, ob die Fehler eines Schülers auf Konzentrationsmangel zurückzuführen sind oder auf Wissenslücken hinweisen.

Übungen

Fremdwörterdurcheinander

Um die Konzentration zu trainieren, sollen die Schüler alle Fremdwörter zählen, in denen nur ein bestimmter Vokal vorkommt, z. B. ein „a", …

Atlas, Kajak, Balsam, Pampa, Piranha, Tabak, Tanga, Bank, Lava, Spagat, Safran, Alpaka, Rattan, Basar, Kaftan, Plakat, Ananas, Schakal, Armada, Gala, Manta, Trabant, Pascha, Tarif, Talisman, Sari, Tapir, Baldachin, Pizza, Paprika, Mais, Kimono, Kino, Kolibri, Kiosk, Tokio, Moskito, Tombola, Alkohol, Sofa, Pharao, Shampoo, Avocado, Marabu, Sultan, Sauna, Jaguar, Puma, Kanu, Lasur, Turban.

Bunt, bunt, bunt

Die Schüler sollen möglichst schnell alle Wörter zählen, in denen die Buchstaben „b u n t" *nicht* vorkommen:

Tuben, Nusskuchen, Trauben, Abenteuer, Rabenmutter, Krabbenkutter, Abendstunde, Brustumfang, Baukasten, Backzutaten, Tablettenkonsum, Taschenzubehör, Blutzelle, Babyunterlage, Fensterkurbel, Kirmesbuden, Blumensamentüten, Kundendienstmitarbeiter, Untergrundbahn, Bastelutensilien, Buckel, Bettumrandung, Wunschzettelbeilage, Bildkunst, Bullaugenbreite, Nudeln, Brutkasten, Brunnentiefe, Burgenfenster, Staubsauger, Tunke, Bubenstreich, Batistunterrock, Backofentür, Braunbärtatze, Basilikumtunke, Kindertrubel, Blumenuntersetzer, Flussbetten, Unterricht, Uferbefestigung, Nudelbeilagen.

Fallen den Schülern innerhalb von zwei Minuten noch weitere Wörter mit den Buchstaben „b u n t" ein?

Tipp für Ihre Schüler

Stelle im Unterricht so oft wie möglich Fragen. Damit stärkst du deine Konzentration, merkst dir mehr Einzelheiten, und gleichzeitig zeigst du dem Lehrer wie interessiert du bist.

ROUTINE FÜHRT ZU UNKONZENTRIERTHEIT

31

Routine führt dazu, dass nicht mehr genau hingeschaut und/oder zugehört wird. Deshalb ist es wichtig, möglichst oft Dinge anders zu tun als gewohnt, z. B. schreiben und malen mit links, rückwärts lesen und schreiben. Dieses ungewohnte Schreiben fördert sowohl die Konzentration als auch die Wahrnehmung für Details und verbessert langfristig die Rechtschreibung (Tipp 92, 95). Sprechen Sie als Lehrer öfter mal lustige Wörter, wichtige Begriffe oder später kleine Sätze und Informationen rückwärts. Die Schüler lachen, entspannen sich und sind wieder wach für die neuen Aufgaben. Sie können auch eine Unterrichtsstunde mit einem Rückwärtswort oder einem aktuellen Songtitel beginn-

❯ Tipp 92, 95

nen. Wenn Sie die Schüler dazu aufstehen oder eine bestimmte Pantomime ausführen lassen, wird der Effekt noch erhöht.

Für Überraschung sorgen

Übung

- Lassen Sie Ihre Schüler wichtige Begriffe, Fremdwörter, Überschriften aus Tageszeitungen oder wichtige Sätze und Regeln rückwärts lesen und auch schreiben.
- Lassen Sie Ihre Schüler öfter Texte mit der linken Hand schreiben, wenn sie Rechtshänder sind bzw. mit rechts schreiben, wenn sie Linkshänder sind.

Rückwärtswörter

Tiere: UAS – HUK – SUAM – EFFA – SNAG – LEMAK – TNAFELE– EFFARIG – NIUGNIP – LIDOKORK
Spielzeug: EPPUP – OTUA – YDDET – LLAB
Städte: NESSE – GRUBMAH – LEIK – NEMERB
Flüsse: EBLE – RAAS – UANOD – NIEHR – RESEW
Kunterbunt: TOR – UALB – BLEG – NÜRG – ALIL

Tipp für Ihre Schüler

Lege dir in Deutsch und Englisch eine Fehlersammlung an! Notiere dir die falsch geschriebenen Wörter richtig und ordne sie bestimmten Spalten zu: Flüchtigkeitsfehler, Rechtschreibfehler, Grammatikfehler. So kannst du dann viel gezielter üben, sparst Zeit und machst sehr bald weniger Fehler (Tipp 57).

❯ Tipp 57

ABWECHSLUNG IST WICHTIG!

32

Im Unterricht wie auch bei den Hausaufgaben sollte immer zwischen reiner „Kopfarbeit", also dem Lernen und „Handarbeit", d. h. schreiben, malen usw. abgewechselt werden. Die Konzentrationsfähigkeit wird gesteigert, wenn der Lernende zwischen passivem Aufnehmen von Informationen und aktivem Handeln bzw. Schreiben immer wieder wechseln kann (Tipp 31, 34).

❯ Tipp 31, 34

Tipp für Ihre Schüler

Achte bei deinen Hausaufgaben darauf, dass du zwischen schriftlichen Aufgaben, Lesen und Rechnen abwechselst. Das Lernen von Vokabeln braucht am meisten Energie, deshalb solltest du Vokabeln, am besten sofort nach der Konzentrationsübung oder deinem Lieblingsfach (Tipp 35, 55) lernen.

❯ Tipp 35, 55

33   WAS DIE KONZENTRATION STÖRT

Auch die kleinste Unterbrechung beim Lernen, bei der Ausführung einer Aufgabe oder der Lösung eines Problems ist eine Störung. Wird ein Lernprozess durch überraschende Gefühlsregungen, wie Schreck, Ärger oder Freude gestört, so wird das Merken des Lernstoffes deutlich behindert und die Konzentration lässt immer mehr nach.

Auslöser für Konzentrationsstörungen

Häufig werden Konzentrationsstörungen ausgelöst durch:
- plötzliche Unterbrechungen des Lernens,
- Lärm – Gespräche – Fernsehen – Radio – Computer,
- zu hohe Raumtemperatur, das bedeutet zu trockene Luft, zu wenig Sauerstoff,
- Zeitdruck,
- Überforderung/Unterforderung,
- Angst – Konflikte – Enttäuschungen – Unlust,
- unzureichende Beleuchtung.

Da Störungen sich im Unterricht oft nur schwer vermeiden lassen, ist es wichtig, die Schüler so zu trainieren, dass sie unabhängig von Geräuschen und Gesprächen in der Lage sind, den Fokus auf ihre Aufgaben zu richten und sich nicht ablenken zu lassen (Tipp 27).

❯ Tipp 27

Übung

„Störspiele"

Spielen Sie im Unterricht öfter mal gezielt ein „Störspiel". Regen Sie auch die Eltern an, diese Spiele regelmäßig mit den Kindern zu spielen.

Erklären Sie den Schülern das Spiel und kündigen Sie es jeweils an. Geben Sie Ihren Schülern kleine Aufgaben, die sie in ein bis zwei Minuten fertigstellen können, z. B. Wörter oder Buchstaben in Texten streichen, Texte abschreiben, leichte Rechenaufgaben lösen usw. Stellen Sie eine Eieruhr auf. Versuchen Sie nun bewusst, die Schüler zu stören und abzulenken, während diese wissen, dass sie darauf nicht reagieren dürfen, ganz gleich, was Sie tun. Beginnen Sie z. B. mit zehn Sekunden und einem Plakat, auf dem bestimmte Buchstaben, Wörter oder Gegenstände gezählt, versteckte Gegenstände, Buchstaben oder Wörter gefunden werden müssen. Wichtig ist für die Schüler das Erfolgserlebnis, die Zeit durchgehalten zu haben. Das gibt Selbstvertrauen und steigert die Motivation.

Achtung!

Wichtig ist, dass das „Störspiel" über einen längeren Zeitraum regelmäßig gespielt wird. Die Zeit sollte zu Beginn sehr kurz sein, z. B. zehn Sekunden und dann täglich um wenige Sekunden gesteigert werden.

Tipp für Ihre Schüler

Die kleinste Unterbrechung ist eine Störung!
Sorge dafür, dass du bei deinen Hausaufgaben ungestört bist: Schalte dein Handy aus. Schalte Radio und Fernseher aus. Hänge ein Schild an die Tür, auf dem steht: „Bitte nicht stören!" Erledige keine kleinen Aufträge zwischendurch, es sei denn, du kümmerst dich in deinen eingeplanten Lernpausen darum (Tipp 15).

❯ Tipp 15

34

Konzentrationsfähigkeit ist abhängig von vielen Faktoren und kann durch unterschiedliche Aktivitäten gesteigert werden:

- Konzentrationstraining
- Tages- und Wochenpläne
- Wechsel von Lern- und Erholungsphasen
- Wechsel von „Kopfarbeit" und „Handarbeit" (Tipp 31, 32)
- fester Arbeitsplatz
- optimale Lernzeit nutzen und an den Biorhythmus denken (Nach dem Essen nicht sofort lernen oder nur sehr leichte Aufgaben lösen.)
- Beseitigung von Ablenkungsmöglichkeiten
- umfangreiche Aufgaben in Teilschritte zerlegen
- realistische Einschätzung der Fähigkeiten
- nicht zu große Erwartungen haben
- Freizeit ohne Reue

❯ Tipp 31, 32

Übung

So können Sie die Konzentrationsfähigkeit Ihrer Schüler trainieren und verbessern: Verpacken Sie wichtige Begriffe und Informationen in einen Buchstabensalat oder schreiben Sie die Informationen in Versalien und ohne Abstand und lassen Sie bestimmte Buchstaben oder Wörter suchen/zählen und die Informationen richtig abschreiben.

Tipp für Ihre Schüler

- Lerne nicht mehr als sieben bis zehn Vokabeln auf einmal!
- Lerne nicht mehr als dreißig bis vierzig Vokabeln pro Tag!
- Wiederhole Vokabeln regelmäßig mit einer Lernkartei (Tipp 57)!
- Male dir Skizzen zu den Vokabeln und bilde mit ihnen Sätze (Tipp 58, 80)!
- Lerne Vokabeln mit Fantasie und baue Eselsbrücken (Tipp 75, 77)!

❯ Tipp 57

❯ Tipp 58, 80

❯ Tipp 75, 77

35

Konzentrationsübungen und Entspannungsübungen vor den Hausaufgaben und vor dem Lernen sind ein Ritual, das positive Energie gibt. Das Lernen wird „eingeschaltet", andere Tätigkeiten und Gedanken werden „weggeschaltet".

Positive Energie

Übung

Konzentrationsübungen

- Die Schüler konzentrieren sich ungefähr eine Minute auf einen bestimmten Punkt im Raum und versuchen, nichts anderes wahrzunehmen und an nichts anderes zu denken. Die Zeit sollte von Tag zu Tag verlängert werden.
- Die Schüler lesen Texte im Buch, auf einem Arbeitsblatt oder in der Zeitung möglichst schnell und zählen dabei alle Substantive, Verben oder Adjektive usw.
- Lassen Sie Ihre Schüler Überschriften aus Tageszeitungen oder wichtige Sätze rückwärts lesen.

Tipp für Ihre Schüler

Pflege deinen Lerntick!
Lernst du deine Vokabeln lieber auf dem Teppich, in einem Sessel oder auf dem stillen Örtchen statt am Schreibtisch? Wenn du in den Augen anderer so einen kleinen „Lerntick" hast, dann lass diese ruhig lachen. Du weißt ja, dass du an einem Ort, an dem du dich sehr wohlfühlst, besser lernen kannst. Je wohler du dich fühlst, desto aktiver und schneller verarbeitet dein Gehirn Informationen.

ENTSPANNT INFORMATIONEN AUFNEHMEN

36

Entspannungsfördernde Übungen bringen Körper, Geist und Seele wieder ins Gleichgewicht, bewirken ein Insichhineinhören und sensibilisieren für die Wahrnehmung körperlicher Bedürfnisse. Durch den Einsatz von Entspannungsübungen, die über die Vorstellungskraft laufen und sich an Prinzipien des Autogenen Trainings wie auch der Progressiven Muskelentspannung nach Jacobson orientieren, kommt es zur Verringerung von psychosomatischen Beschwerden, zu erholsamerem Schlaf und zu einer Leistungssteigerung des Gehirns (Tipp 52).

❯Tipp 52

Den beiden Gehirnhälften entsprechend gibt es ein chinesisches Zeichen, das unser grundlegendes Lebensprinzip symbolisiert: Yin + Yang, was in etwa so viel heißt wie Passivität + Aktivität oder Entspannung + Anspannung. Erwachsenen wie auch Kindern geht es gut, wenn keine der beiden Seiten vernachlässigt wird.

Achtung!

Damit Schüler körperlich und geistig voll leistungsfähig sein können, brauchen sie den ständigen Wechsel zwischen Anspannung und Entspannung. Entspannungsübungen sollten täglich durchgeführt werden und zwar vor allem zu Beginn einer Unterrichtsstunde. So wird Stress abgebaut und Denkblockaden haben keine Chance. Die Konzentration steigt und Fantasie und Kreativität werden aktiviert (Tipp 38, 40).

❯Tipp 38, 40

Entspannt und gelassen

Langfristig führen Entspannungsübungen zu mehr Gelassenheit und zu mehr Denkvermögen auch in Stresssituationen des Schulalltags. Positive Folgen sind:

- Stress wird abgebaut.
- Denkblockaden werden verhindert.
- Die Konzentrationsfähigkeit wird verbessert.
- Die rechte Hirnhälfte wird „eingeschaltet".
- Fantasie und Kreativität sind optimal möglich.
- Probleme sind leichter lösbar.
- Alle Wahrnehmungskanäle sind geöffnet (Tipp 21, 23, 37).

❯Tipp 21, 23, 37

- Die Sauerstoffversorgung der Zellen wird verbessert.
- Es kommt zu einer besseren Muskeldurchblutung.
- Eine positive Hormonproduktion führt zu mehr Wohlbefinden.
- Das Immunsystem wird gestärkt.

Übungen

Mithilfe von Entspannungsübungen kann der Körper willentlich von Leistung, d. h. Anspannung auf Erholung, also Entspannung umschalten. Probieren Sie folgende Übungen mit Ihren Schülern aus (Tipp 94):

❭ Tipp 94

Faustübung

„Ballt eure rechte Faust und winkelt den Unterarm an, drückt den Arm gegen die Stuhllehne (oder gegen die Unterlage) und zählt langsam rückwärts von zehn bis null. Lasst den Arm wieder locker und spürt das entspannende Gefühl."

Pustekuchen

„Stellt euch vor, dass außen auf der Fensterbank zwanzig rote Kerzen brennen. Holt immer wieder tief Luft und pustet jeweils zwei Kerzen gleichzeitig aus."

ALLE WAHRNEHMUNGSKANÄLE ÖFFNEN

37

Nur im entspannten Zustand sind alle Wahrnehmungskanäle geöffnet und die rechte, bildhafte und kreative Hirnhälfte wird eingeschaltet (Tipp 51).

❭ Tipp 51

Eine Möglichkeit, dies zu erreichen, erfolgt über die Atmung, darüber, ruhig und tief zu atmen. Mit der folgenden Übung entspannen sich Ihre Schüler bestimmt sehr schnell, die Wahrnehmung wird optimiert, und Sie können mit dem Unterricht beginnen.

Übung

AH-WA-SA

Bitten Sie die Schüler, sich entspannt hinzustellen und die Arme auszubreiten. Während sie die Silbe „AH" sprechen, sollen sie ruhig einatmen und ihre Arme langsam nach oben bewegen, bis sich die Fingerspitzen berühren. Bei der nächsten Silbe „WA" fordern Sie sie auf, sich leicht nach vorn fallen zu lassen und dabei auszuatmen. Während der

Silbe „SA" sollen die Schüler sich nach vorn beugen, dabei den Rest Luft ausstoßen und die Arme baumeln lassen. Wiederholen Sie die Übung dreimal.

Tipp für Ihre Schüler

Sing doch mal wieder! Singen entspannt, öffnet deine Wahrnehmungskanäle, stärkt besonders deine rechte Hirnhälfte und erhöht somit deine Leistungsfähigkeit (Tipp 42, 74).

❯ Tipp 42, 74

DENKBLOCKADEN VERHINDERN

38

Denkblockaden entstehen, wenn der Schüler sich im Stress befindet. Grundsätzlich ist Stress ein lebenswichtiger Vorgang, der seit Urzeiten untrennbar mit dem Leben verbunden ist. Stress ist also zunächst einmal natürlich und positiv, ein eingebauter Verteidigungsmechanismus des Körpers. Bei Gefahr mobilisiert Stress in Sekundenschnelle alle Energiereserven für eine extreme Muskelleistung, für Flucht oder Angriff. Das Denken muss dabei ausgeschaltet werden, damit die Reaktion reflexartig erfolgen kann.

Stress als Verteidigungsmechanismus

Für den Steinzeitmenschen waren Stressreize und ihre Folgereaktionen Ausnahmesituationen, durch Flucht oder Angriff baute er Stress gleich wieder ab. In unserer hoch technisierten Welt gehören Stressempfindungen zum Alltag. Ungewohnte oder mit Gefahr verbundene Wahrnehmungen, z. B. beim plötzlichen Aufrufen des Schülers, bei bestimmten Fernsehbildern und Computerspielen oder bei Leistungs- und Zeitdruck in der Schule, lösen über das Zwischenhirn und den Sympathikusnerv eine direkte Stimulation der Nebennieren aus (Tipp 26, 28, 30). In Bruchteilen von Sekunden werden zwei Hormone in den Blutkreislauf geschickt: Adrenalin und Noradrenalin. Das sind die sogenannten Stresshormone, die dazu dienen, den Körper schlagartig auf körperliche Höchstleistungen vorzubereiten. Die Folgen des steigenden Adrenalinspiegels im Blut sind: hoher Blutdruck, Mobilisierung der Fett- und Zuckerre-

❯ Tipp 26, 28, 30

serven. Ein Nebeneffekt ist, dass die Schaltstellen, d. h. die Synapsen zwischen den Nervenzellen im Gehirn, weitgehend blockiert werden. Denken und Erinnern funktionieren kaum noch. Es kommt zu Denkblockaden. Ein Schüler mit Denkblockaden würde einen Hundertmeterlauf wahrscheinlich in Bestzeit laufen, im Klassenzimmer steht oder sitzt er jedoch wie erstarrt da.

Stress belastet den Organismus, vor allem dann, wenn das notwendige Abreagieren durch Bewegung ausbleibt. Nur mit Entspannung, Bewegung und intensiven körperlichen Aktivitäten können die Stresshormone wieder abgebaut werden, kann der Körper zur Ruhe kommen und das Denken und Erinnern wieder funktionieren (Tipp 36, 93). ❯ Tipp 36, 93

Zu den Stressoren gehören:

- Angst
- Leistungsdruck
- Zeitdruck
- Erwartungsdruck (ausgelöst von einem selbst oder von anderen)
- Konflikte, Ärger, Existenzsorgen
- Überreizung (Fernsehen, Computer, Lärm, …) (Tipp 33) ❯ Tipp 33
- fremde Informationen
- abstrakte Informationen

Übungen

Folgende Entspannungsübungen lassen sich leicht in den Unterricht integrieren oder von den Schülern zu Hause allein durchführen:

Elefanten tragen

„Stelle dir vor, du willst eine große Last von deinen Schultern nehmen, indem du sie nach oben drückst. Zähle bis fünf und lasse deine Last fallen."

Aufgewacht!

Die Schüler sollen sich recken und strecken wie nach einem erholsamen Schlaf, danach die Hände im Nacken falten, sich auf dem Stuhl so weit wie möglich nach hinten lehnen und rückwärts von zwanzig bis null zählen.

RITUALE VERMITTELN SICHERHEIT

39

Nicht nur Kleinkinder brauchen Rituale, um sich gut und sicher zu fühlen und mit diesem Gefühl der Sicherheit neugierig auf Entdeckungsreise gehen und neue Herausforderungen meistern zu können. Auch Schüler brauchen Rituale und Strukturen, um entspannt und erfolgreich lernen zu können. Wenn jede Deutsch- oder Mathematikstunde gleich oder ähnlich beginnt – wenn möglich sogar mit einem kleinen Erfolgserlebnis –, vermittelt das ein Gefühl von Sicherheit und gibt Fantasie, Kreativität und logischem Denken eine Chance (Tipp 1, 35, 98).

❯Tipp 1, 35, 98

Achtung!

Zum Sicherheitsgefühl eines Schülers trägt ebenso bei, dass er z. B. möglichst lange seinen Sitzplatz im Klassenzimmer behält und nicht ständig umgesetzt wird.

Übung
Lieblingsplatz

Fantasiereise

Beginnen Sie die Stunde, indem Sie mit den Schülern auf Fantasiereise gehen: „Schließt die Augen und atmet dreimal tief ein und aus. Stellt euch jetzt vor, ihr sitzt an eurem Lieblingsplatz. Wie sieht es dort aus? Welche Farben umgeben euch? Welche Geräusche hört ihr? Was riecht ihr? Was könnt ihr fühlen? Spürt ihr die Energie in euch hineinströmen? Genießt euren Lieblingsplatz und atmet ruhig und gleichmäßig. Zählt jetzt rückwärts von siebenundsiebzig bis sechsundsechzig und öffnet danach die Augen. Streckt und reckt euch dann wie nach einem erholsamen Schlaf."

Tipp für Ihre Schüler

Bei schwierigen Lernaufgaben kann es zwischendurch manchmal zum Stillstand kommen. Dann hast du das Gefühl, es geht, egal wie sehr du dich bemühst, überhaupt nicht weiter. Was geht da vor sich? Du stehst auf einem „Lernplateau"! Dein Gehirn sorgt in dieser Zeit dafür, dass alles, was du bisher gelernt hast, richtig abgespeichert und mit altem Wissen verknüpft wird. So kannst du die Informationen später schnell abrufen. Also kein Grund zur Sorge! Lege am besten erst mal eine kleine Entspannungspause ein!

ERFOLGREICH LERNEN – GANZ ENTSPANNT!

40

Man unterscheidet grundsätzlich zwei Möglichkeiten, sich in einen entspannten Zustand zu versetzen:
- durch bewusste Körperwahrnehmung wie bei der Progressiven Muskelentspannung nach Jacobson,
- durch Aktivierung der Vorstellung wie beim Autogenen Training und der Meditation

Als Entspannungsmethoden im Unterricht eignen sich am besten (Tipp 41, 42, 44):

❯ Tipp 41, 42, 44

- Konzentration auf den eigenen Atem,
- isometrische Übungen,
- Progressive Muskelentspannung nach Jacobson,
- Entspannungsmusik,
- Autogenes Training, Meditation, Fantasiereisen.

Fantasiereisen dienen nicht nur der Stärkung der Vorstellungskraft, sondern sind Geschichten zum Entspannen und Energie tanken. Durch die Fantasievorstellungen werden ablenkende und negative Gedanken in den Hintergrund gedrängt, Alltagsprobleme ausgeblendet, Geist und Körper beruhigt. Kurz, durch die Visualisierung können seelische und körperliche Vorgänge positiv beeinflusst werden. Deshalb sind Fantasieübungen mit integrierter Bewegung für den Unterrichtseinsatz optimal.

Progressive Muskelentspannung

Die „Progressive Muskelentspannung", die Edmund Jacobson um 1934 entwickelt hat, geht von der Erkenntnis aus, dass psychische Spannungen, wie z. B. Angst, immer von Muskelkontraktionen begleitet werden und dass diese Angst durch das Beseitigen der Muskelspannungen aufgelöst werden kann. Durch die systematische Anspannung und Entspannung verschiedener Muskelgruppen kann der Schüler unterschiedliche Spannungszustände der Muskulatur wahrnehmen und erlebt schnell und sehr deutlich den angenehmen Entspannungszustand (Tipp 94). Diese Methode ist besonders geeignet, dem Schüler die Wichtigkeit von Entspannung nahezubringen, lässt sich im Unterricht leicht einsetzen, ist problemlos zu erlernen und führt gleichzeitig zu einer bewussten Körperwahrnehmung.

> ❯ Tipp 94

Isometrische Übungen

Isometrische Übungen: Das Wort „Isometrik" kommt aus dem Griechischen und bedeutet soviel wie „gleiche Länge". Durch eine isometrische Übung wird der Muskel nicht gedehnt, sondern bei gleich bleibender Länge gestärkt! Isometrisches Muskeltraining ist eine gute Ergänzung zu jeder anderen Bewegung und eine weitere Möglichkeit, sich über den Weg der Anspannung zu entspannen. Wichtig ist dabei, gleichmäßig und ruhig weiterzuatmen und nicht die Luft anzuhalten. Der Druck auf bestimmte Materialien sollte mindestens drei Sekunden dauern, damit der Effekt der Übung positiv ist. Die Konzentration sollte zu hundert Prozent auf die Übung gerichtet sein. Zwischendurch sollte der Korper immer wieder gelockert und Hände und/oder Beine sollten ausgeschüttelt werden.

Ein Vorteil isometrischer Übungen besteht darin, dass sie jederzeit und an jedem Ort einsetzbar sind und nur wenige Minuten in Anspruch nehmen. Eine mögliche Übung bestünde z. B. darin, zu versuchen, mit beiden Händen eine Tischplatte nach unten zu drücken.

Übungen

Kutscherhaltung (Fantasievorstellung)

Bitten Sie die Schüler, in Kutscherhaltung auf einem Stuhl Platz zu nehmen, dabei die Arme locker auf die Oberschenkel zu legen und die Augen zu schließen. Dann sprechen Sie ruhig folgenden Text: „Stelle dir vor, du liegst am Strand, lässt den warmen Sand durch deine Hände gleiten und hörst das Rauschen der Meereswellen. Du bist ganz ruhig und entspannt."

Zitronenübung (Progressive Muskelentspannung)

Diese Übung erfordert es, dass die Schüler sich vorstellen, sie hielten in jeder Hand eine halbe Zitrone. Dann sagen Sie: „Fühlt die Zitronenschale, riecht den Duft und stellt euch vor, wie ihr den Saft schmeckt. Zählt jetzt bis fünf und drückt die Zitronenhälften so fest aus, dass der Saft an den Armen herabläuft: eins, zwei, drei, vier, fünf. Jetzt werft die Zitronenhälften weg und schüttelt die Hände aus."

Tipp für Ihre Schüler

Entspanne dich zwischendurch auf einem Bein. Stelle dich hin und halte mit der rechten Hand deinen linken Fuß in Pohöhe. Atme dreimal tief ein und aus.

RICHTIG ATMEN UND ENTSPANNEN

41

„Das Atmen ist etwas äußerst Beruhigendes. Sich auch nur für kurze Zeit darauf zu konzentrieren, das heißt bewusst zu atmen, verleiht uns Stabilität und erinnert uns daran, dass unterhalb der hektischen Oberfläche unserer Gedanken und Gefühle tiefe Ruhe und Frieden herrschen."
(Jon Kabat-Zinn, Stresstherapeut und Verhaltensmediziner)

Durch das richtige Atmen werden Körper und Geist beruhigt, Stress wird abgebaut und Entspannung stellt sich ein. Also vor jeder Aufgabe erst einmal tief durchatmen.

Stressabbau

Übungen

Oma lacht

Sorgen Sie für Ruhe in der Klasse, bevor Sie mit dieser Atemübung beginnen, dann sprechen Sie ruhig und gleichmäßig den folgenden Text: „Atmet einige Male tief ein und aus. Konzentriert euch nur auf euren Atem. Atmet jetzt mit der Silbe ‚OH' tief ein und mit der Silbe ‚MAA' aus. Schiebt den letzten Rest Luft mit der Silbe ‚HA' hinterher. Wiederholt das Atmen mit den Silben jetzt fünf- bis zehnmal selbstständig: OH – MAA – HA."

Tischatmung

Zunächst sollten sich die Schüler hinsetzen und die Hände auf den Tisch legen. Dann geben Sie folgende Anweisung: „Beugt euch ganz tief hinab und atmet aus. Während ihr wieder tief einatmet, hebt ihr ganz langsam den Kopf, bis ihr wieder aufrecht sitzt. Wiederholt die Übung dreimal."

Tipp für Ihre Schüler

Entspanne dich mit richtigem Atmen: Wenn du plötzlich etwas gefragt wirst oder wenn du ein kleines Referat halten sollst, dann lasse dir Zeit und atme erst mal tief durch.

42 LEICHTER LERNEN MIT MUSIK

Kreativität und logisches Denken unterstützen

Klare, durch Rhythmus strukturierte Musik, z. B. Bachs Brandenburgische Konzerte, kann analytisches Arbeiten und logisches Denken erleichtern. Kreative Prozesse werden durch das Hören von Musik verstärkt, die keinen klaren Rhythmus aufweist, sondern den Schwerpunkt auf die Melodie legt. Versuchen Sie einmal, mit leiser Instrumentalmusik im Hintergrund zu unterrichten. Sie werden feststellen, dass viele Schüler entspannter und konzentrierter arbeiten. Sollte es mehrere Schüler geben, die sich durch die Musik gestört fühlen, gibt es vielleicht die Möglichkeit, diese in einem anderen Raum selbstständig arbeiten zu lassen.

Achtung!

Entspannende Instrumentalmusik bzw. Musik, die dem Rhythmus des menschlichen Herzschlags entspricht, erleichtert mitunter das Lernen. Es kann jedoch auch sein, dass einige Schüler feststellen, dass Musik sie beim Denken stört. Dann ist das natürlich zu akzeptieren.

Um die Ecke gedacht

Als klassische Hintergrundmusik eignen sich z.B. folgende Stücke:

- Antonio Vivaldi: Largo aus „Winter" in „Die vier Jahreszeiten" – Largo aus dem Konzert in D-Dur für Gitarre, Streicher und Basso continuo.
- Georg Friedrich Händel: Largo aus dem Konzert Nr. 3 in D-Dur.
- Johann Sebastian Bach: Aria zu den „Goldberg-Variationen" – Largo aus dem Konzert für Klavier und Streichorchester Nr. 5 in F-Moll.

Aus dem Bereich der Elektronischen Musik könnten infrage kommen:

- Georg Deuter: Ecstasy, Celebration, Cicada.
- Kitaro: Silk Road.
- Johannes Walter: Musik Produktion: Mantras (1 und 2).

Tipp für Ihre Schüler

Melodien unterstützen dein Gedächtnis: Dir ist sicher schon aufgefallen, dass du viel leichter einige Strophen singen kannst als ein Gedicht aufsagen. Das liegt daran, dass beim Lied die Melodie und der Text sich gegenseitig unterstützen. Auch Reime sind wie eine Melodie und dein Gehirn hat ein leichtes Spiel (Tipp 37, 74). Wenn du dir also schnell eine wichtige Regel einprägen willst, dann singe sie als würdest du z.B. deinen Lieblingssong trällern.

❯ Tipp 37, 74

43 DIE VORSTELLUNGSKRAFT STÄRKEN

Antoine de Saint-Exupéry führt uns mit seinem *Kleinen Prinzen* in eine wunderbare Welt der Fantasie. Wie wichtig Fantasie für den Kopf, d.h. für optimale geistige Leistungsfähigkeit ist, hat die Gehirnforschung der letzten Jahre gezeigt. So ist es nur natürlich, wenn der Fantasie bei der Aktivierung des Gehirns eine ganz besondere Bedeutung zukommt.

Fantasie erhöht Leistungsfähigkeit

Achtung!

Assoziations- und Kreativitätsübungen, wie auch Fantasiegeschichten stärken die Vorstellungskraft und bilden die Grundlage für ein gutes Gedächtnis und eine intensive Zusammenarbeit der beiden Gehirnhälften (Tipp 24, 86, 92).

❯ Tipp 24, 86, 92

Lesen Sie die folgenden Sätze *einmal* langsam und versuchen Sie, sich den Wortlaut einzuprägen:

Ein Zweibein sitzt auf einem Vierbein an einem Dreibein und hält ein Einbein. Da kommt ein Vierbein, springt auf das Dreibein und schnappt dem Zweibein auf dem Vierbein das Einbein weg.

Kopfkino

Dieses Beispiel macht deutlich, wie wichtig die Vorstellungskraft ist und wie viel leichter man sich etwas merken kann, wenn beide Gehirnhälften im Einsatz sind. Wenn Sie sich nur mit der linken Hirnhälfte, also Schritt für Schritt die Wörter merken wollen, purzeln die Beine ganz schnell durcheinander, und es wird später – selbst bei mehrfachem Wiederholen – leicht zu Verwechslungen kommen. Wenn Sie sich jedoch ein Bild machen oder besser in Gedanken einen „Film" drehen und sehen, wie ein Mensch (Zweibein) auf einem Stuhl (Vierbein) an einem Tisch (Dreibein) sitzt und einen Hähnchenschenkel (Einbein) isst, dann ein Hund (Vierbein) auf den Tisch (Dreibein) springt und dem Menschen (Zweibein) auf dem Stuhl (Vierbein) den Hähnchenschenkel (Einbein) wegschnappt, können Sie den Satz mühelos wiederholen. Am besten testen Sie jede Methode mit jeweils einer Gruppe.

Tipp für Ihre Schüler

Lass deiner Fantasie freien Lauf: Stelle dir jeden Abend wenn du im Bett liegst, bestimmte Gegenstände, Menschen und Orte ganz genau vor oder mache dir Gedanken über Dinge, die es (noch) nicht gibt und zeichne sie später.

Fantasiereisen regen die rechte Hirnhälfte an, verbessern das Vorstellungsvermögen und können entspannend wirken. Werden suggestive Formeln des Autogenen Trainings eingestreut, wird die Entspannung verstärkt (Tipp 36, 45). Im entspannten Zustand „schaltet" sich die rechte Hirnhälfte ein und Fantasie und Kreativität können sich optimal entfalten. Die neu gewonnene Ruhe und Gelassenheit führen schließlich zu mehr Leistungsfähigkeit, einer neuen Sichtweise und einem anderen Umgang mit Konflikten und Problemen im Alltag.

❯ Tipp 36, 45

Konflikte und Probleme lösen

Um die Ecke gedacht

Der Entspannungszustand, der durch die Fantasiereisen erreicht wird, baut Energiereserven auf und Stress ab. Durch den Einsatz von Entspannungsübungen, die über die Vorstellungskraft laufen und sich an Prinzipien des Autogenen Trainings wie auch der Progressiven Muskelentspannung nach Jacobson orientieren, kommt es zu einer besseren Merkfähigkeit und allgemein zu einer Leistungssteigerung des Gehirns.

Der Entspannungs- und Erholungszustand eines Fantasiespazierganges wird durch zwischendurch eingefügte Suggestionen vertieft. Die folgenden Schwere-, Wärme-, Ruhe-, und Atemsätze führen dazu, dass die wohltuende Wirkung der Fantasiereisen auch darüber hinaus länger anhält:

Entspannung vertiefen

▬ Du bist ganz ruhig.
▬ Dein Atem geht ruhig und gleichmäßig.

- Ruhe ist in dir.
- Du bist schwer, warm und gelassen.
- Du fühlst dich wohl.
- Wärme strömt durch deinen Körper.
- Du bist ruhig und entspannt.
- Du fühlst dich glücklich und frei.
- Du bist vollkommen entspannt.

Tipp für Ihre Schüler

Fantasie kannst du trainieren: Nimm öfter mal ein Buch oder eine Zeitschrift in die Hand, schlage eine beliebige Seite auf und lies drei Sätze. Klappe das Buch oder die Zeitschrift wieder zu und denke dir aus, wie der Text weitergehen könnte.

ENTSPANNUNG FÖRDERT KREATIVITÄT

45

Ein Schüler, der krampfhaft und unter Druck eine Lösung für ein Problem oder Ideen für einen Aufsatz oder ein Bild im Kunstunterricht sucht, scheitert sehr oft. Kreativität kann sich viel besser in Situationen entfalten, in denen es gerade nicht darauf ankommt, in denen man sich entspannt, frei und wohlfühlt.

Übungen

Trainieren Sie die Fantasie Ihrer Schüler ohne Leistungsdruck. Stellen Sie ihnen folgende Aufgaben, und fordern Sie dann nacheinander einzelne Schüler auf, laut zu denken.

Coladosen

„Stellt euch vor, ein Freund von euch hat alle leeren Coladosen, die er irgendwo entdeckt hat, gesammelt und nun ist der ganze Keller davon voll. Was könntet ihr damit machen?"

Zeitungsspiel

„Was könntet ihr mit einer oder mehreren Zeitungen machen, außer sie zu lesen?"

Hundeleine

„Stellt euch vor, ihr findet auf der Straße eine Hundeleine. Wenn ihr selbst keinen Hund habt, was könntet ihr mit dieser Hundeleine anfangen?"

Der Satz „Fantasie ist wichtiger als Wissen!" des Mathematikers und Physikers Albert Einstein, in dessen Arbeit Zahlen und Formeln im Mittelpunkt standen, erstaunt auf den ersten Blick. Auf den zweiten Blick wird klar, dass gelerntes Faktenwissen allein nicht ausreicht, um neue Erkenntnisse zu gewinnen, neue physikalische Gesetze zu entdecken oder Probleme zu lösen. Nur, wenn man sich Dinge vorstellen kann, die (noch) nicht existieren, kann man über seine Grenzen hinauswachsen und etwas Neues entwickeln (Tipp 43), denn nur mit Neugier und Fantasie ist Kreativität möglich, nur mit Logik und Kreativität sind Probleme lösbar!

❯ Tipp 43

Übungen

Konfrontieren Sie Ihre Schüler mit folgenden Problemen und prämieren Sie die kreativste Lösung.

Hammerproblem

„Stellt euch vor, ihr wollt ein Bild aufhängen und habt keinen Hammer. Was macht ihr jetzt?
Wofür könntet ihr einen Hammer noch verwenden?"

Es regnet Geldscheine

„Stellt euch vor, es würde Geldscheine regnen. Was könntet ihr mit diesen vielen Scheinen anfangen, außer eine Menge einkaufen?"

Büroklammern

„Stellt euch vor, ihr bekommt eine große Schachtel mit Büroklammern geschenkt. Was macht ihr damit?"

Tipp für Ihre Schüler

Wenn du ein Problem lösen willst, findest du die Lösung oft viel leichter, wenn du nicht am Schreibtisch sitzt und angestrengt nachdenkst, sondern wenn du loslässt und erst einmal etwas ganz anderes machst (Tipp 45).

❯ Tipp 45

LESEN STÄRKT DIE VORSTELLUNGSKRAFT

47

Da vielen Schülern als Kleinkindern kaum vorgelesen worden ist und sie heute selbst kaum lesen, ist bei vielen einerseits ein massiver Wortschatzmangel feststellbar, der das Verstehen von Texten grundsätzlich erschwert und andererseits sind Fantasie und Vorstellungsvermögen nur mangelhaft ausgebildet.

Schüler lesen kaum noch Bücher mit Muße, stattdessen werden überwiegend Informationstexte im Internet überflogen und nach Brauchbarem abgesucht. Viele Details werden dabei ausgeblendet. Der Fokus richtet sich nur auf ein bestimmtes Wort oder eine bestimmte Information.

Dieses Überfliegen von Textzeilen führt dazu, dass im Unterricht und bei den Hausaufgaben wichtige Einzelheiten übersehen werden und die Aufgabenstellung oft nicht richtig erfasst und damit nicht verstanden wird (Tipp 3).

❯ Tipp 3

Fantasievolle Geschichten aktivieren besonders die rechte Hirnhälfte, die oft viel zu kurz kommt. Die Stärkung der Vorstellungskraft verbessert das Gedächtnis, intensiviert damit die Speicherung und sichert die gezielte Abrufbarkeit von Informationen. Durch das sich immer wiederholende Erzählen derselben Geschichte, werden entsprechende Nervenbahnen myelinisiert und damit schneller und dauerhafter (Tipp 51, 52).

❯ Tipp 51, 52

Übung

Lesen Sie Ihren Schülern öfter Anfänge von Geschichten vor und lassen Sie sie dann weitererzählen bzw. weiterschreiben. So könnte eine Geschichte beginnen:

Der Ritter und das Burgfräulein

Es war ein warmer sonniger Herbsttag. Jan stand am Fuße eines Berges und sein Blick wanderte hinauf zu einer alten verfallenen Burg, deren massige Türme zwischen dem bunten Herbstlaub hervorlugten. Neugierig folgte Jan dem schmalen, holprigen Weg, der sich zwischen hohem Farn und Gebüsch aus Himbeer- und Brombeersträuchern steil hinaufschlängelte. Plötzlich …

Tipp für Ihre Schüler

Was hältst du davon, wenn du ab jetzt Bücherwürmer züchtest? Immer, wenn du ein Buch oder eine Geschichte gelesen hast, ziehst du einen Korken auf einen Faden. Mal sehen wie lang deine Bücherwürmer in einem Jahr sind. Wenn du keine Korken hast, können es auch kleine Schachteln, Knöpfe oder kleine Pappstücke sein, die wie Würmer aussehen.

FANTASIEBILDER HELFEN BEIM LERNEN

48

Je ausgefallener ein Vergleich, eine Darstellung ist, desto mehr Gefühle werden geweckt und das bedeutet eine verstärkte Speicherfähigkeit des Gehirns. Stellen Sie daher möglichst vielseitige Beziehungen zu interessanten, lustigen, also „merk-würdigen" Fakten her. Lassen Sie Ihre Schüler fantasievoll Gedanken miteinander verbinden und Gedankenbilder malen, damit Informationen sicher gespeichert werden und später leicht abrufbar sind (Tipp 22, 51).

❯ Tipp 22, 51

Achtung!

Die erste, spontane Assoziation ist meistens die beste. Alles, was nicht unbedingt zum Bild dazugehört, sollte weggelassen werden, damit es später nicht zu Verwechslungen kommt. Wichtig ist auch, ganz klare und eindeutige Gedankenbilder zu „malen", z.B. wirklich ein Segelboot und nicht irgendein Boot. Die merkwürdigen Dinge sollten im Bild fantasievoll und übergroß erscheinen.

Einige Regeln sollten darüber hinaus für erfolgreiches Assoziieren beachtet werden:

- Beim Herstellen der Gedankenverbindungen und Malen der Gedankenbilder einige Sekunden die Augen schließen.
- Sich selbst in dem Bild sehen.
- Je mehr Sinne am Assoziationsprozess beteiligt sind, desto besser gelingt die Speicherung. Also nicht nur ein Gedankenbild malen, sondern auch andere Sinne mit einbeziehen wie: riechen, schmecken, fühlen, … (Tipp 21, 23, 25).
- Jeweils nur ein einziges Gedankenbild malen.

❯ Tipp 21, 23, 25

Übungen

Biologie

Eine Frage in Biologie lautet: Könnt ihr fünf Meisenarten nennen?

Um keine Meisenart zu vergessen, kann man sich Bilder dazu malen. Eine Meisenart hat in der Fantasie einen langen weißen Bart, das ist die *Bart*meise. Eine Meise trägt eine schwarze Nonnenhaube, das ist die *Nonnen*meise. Die nächste Meise sitzt in der Vorstellung auf einem dicken Kohlkopf, das ist die *Kohl*meise. Eine weitere Meise ist in einen Farbtopf mit himmelblauer Farbe gefallen, das ist die *Blau*meise. Und noch eine weitere Meise hat auf dem Kopf in der Fantasie einen winzigkleinen Tannenbaum, das ist die *Tannen*meise.

Kunst

Im Kunstunterricht sollen sich die Schüler merken, welche Maler diese Bilder gemalt haben:

Die Sonnenblumen – Vincent van Gogh.
Die Seerosen – Claude Monet.
Die Tänzerinnen – Edgar Degas.

Das gelingt mit „merk-würdigen", Gedankenbildern:
Van Gogh – im *Sonnenblumenfeld* steht ein Gockel.
Monet – in einem Teich mit blühenden *Seerosen* spiegelt sich der *Mond*.
Degas – *Tänzerinnen* tanzen mit *Degen* in der Hand.

49

Bei diesem Test geht es nicht um Punkte, nicht darum, super abzuschneiden oder nicht, sondern darum, dass der Schüler erkennt, unter welchen Bedingungen er sich am besten Informationen einprägen kann.

Merktyp-Test

Kreuze spontan an, was für dich zutrifft.

Ich merke mir Informationen besonders gut,

❏ wenn ich sie höre,

❏ wenn ich mich beim Zuhören bewege,

❏ wenn im Hintergrund leise Musik zu hören ist,

❏ wenn ich nicht allein im Raum bin,

❏ wenn ich beim Zuhören gleichzeitig die Möglichkeit habe, „Männchen" zu malen,

❏ wenn ich mir sofort Notizen machen kann,

❏ wenn ich entspannt im Bett, auf der Couch oder auf dem Teppich liege,

❏ wenn ich die Informationen gleich anwenden kann,

❏ wenn ich dabei lachen kann,

❏ wenn die Informationen mich sehr interessieren,

❏ wenn mir viel dazu einfällt,

❏ wenn ich sie abends höre oder lese,

❏ wenn ich mich herausgefordert fühle,

❏ wenn ich beim Zuhören oder beim Lesen etwas esse.

Tipp für Ihre Schüler

Wenn du Infos gespeichert hast, aber im Moment nicht abrufen kannst, liegt das vielleicht daran, dass du sehr aufgeregt bist. Dann ist es wichtig, dich zu entspannen, einige Male tief durchzuatmen, dich ein wenig zu bewegen. Wenn du öfter Entspannungsübungen oder Yoga machst, bist du auf Testsituationen gut vorbereitet (Tipp 41, 44).

❭ Tipp 41, 44

Wenn du Informationen nicht abrufen kannst, gehe in Gedanken das Alphabet durch, oder stelle dir vor, wo du gelernt hast.

50

„Gedächtnis" ist ein Begriff für unsere Fähigkeit, uns etwas zu merken und es in der entsprechenden Situation wieder abzurufen. Es gibt nicht das eine Gedächtnis, das seinen Sitz an einer bestimmten Stelle des Gehirns hat. Am Speicherungsprozess sind mehrere Gehirnstrukturen beteiligt: das Limbische System, der Thalamus, der Hypothalamus, der Hippocampus, die Amygdala und das Großhirn.

Gehirnstrukturen Die Millionen von Informationen, die tagtäglich auf uns einstürmen, werden zunächst sortiert, dann im Mandelkern (Amygdala) mit Gefühlen versehen und weitergeleitet. Mithilfe des Seepferdchens (Hippocampus) werden sie zwischengespeichert, den zuständigen Regionen des Großhirns zugeordnet und schließlich in der linken Gehirnhälfte (z. B. Faktenwissen) oder rechten Gehirnhälfte (z. B. Erlebnisse) langfristig abgespeichert. Fertigkeiten wie Radfahren werden allerdings in den Basalganglien und im Kleinhirn gespeichert.

Ununterbrochen strömt eine Flut von Reizen auf uns ein, und es hängt vom Interesse und der Aufmerksamkeit ab, welche individuelle Auswahl wir treffen. Wenn wir alles gleichzeitig aufnehmen und speichern würden, käme es im Gehirn sicher zu einem chaotischen Rauschen und zu einem Zusammenbruch.

Es gibt in der Literatur unterschiedliche Gedächtnismodelle. Ich stelle Ihnen hier das Dreistufenmodell von Frederic Vester vor, ergänzt um das Sensorische Gedächtnis: Reize, die von den Sinnesorganen aufgenommen werden, kreisen zunächst nur einen Sekundenbruchteil im Sensorischen Gedächtnis (Wahrnehmungsgedächtnis), bevor sie vom Ultrakurzzeitgedächtnis (UZG) aufgenommen werden. Das UZG wird in der Literatur oft auch als Kurzzeitgedächtnis bezeichnet. Es kann maximal sieben Bits aufnehmen. Bringt man nun mehrere Informationen in ein Gedankenbild, sodass sie lediglich ein Bit ergeben, können mehr Informationen gleichzeitig im UZG verarbeitet werden, deren

Verweildauer im UZG zwischen zwanzig und dreißig Sekunden beträgt. In dieser Zeit müssen Assoziationen (Gedankenverbindungen) gefunden werden und an bereits bekanntes Wissen anknüpfen, bevor eine Aufnahme in das mittelfristige Gedächtnis, den Zwischenspeicher erfolgt. Durch mehrfaches Wiederholen der Informationen verfestigen sich die Verbindungsmuster der Neuronen im Gehirn. Es kommt schließlich zu einer permanenten Speicherung im Langzeitgedächtnis. Werden Informationen dem Gehirn aber nur einmal angeboten, zerfallen die Verbindungsmuster und die Informationen sind verloren, d. h. vergessen, es sei denn, die Informationen sind mit viel Gefühl verbunden (Tipp 51).

❯ Tipp 51

Achtung!

Die Begriffe für die Gedächtnisstufen werden in der Literatur nicht einheitlich verwendet. Mit Kurzzeitgedächtnis ist entweder das Ultrakurzzeitgedächtnis wie bei Frederic Vester gemeint oder das Mittelfristige Gedächtnis, der sogenannte Zwischenspeicher. Dieser Zwischenspeicher wird in einigen Modellen gar nicht erwähnt bzw. als Phase der Verarbeitung und erhaltenden Wiederholung bezeichnet. Das Sensorische Gedächtnis wird oft auch als Ultrakurzzeitgedächtnis bezeichnet.

Die Speicherung einer Information erfolgt mithilfe vieler Neuronen und hinterlässt Gedächtnisspuren (Engramme). Erinnert man sich an eine Information, werden ebenfalls viele Neuronen aktiviert. Umgekehrt ist ein Neuron an der Speicherung mehrerer Informationen beteiligt. Neurone, die aktiviert wurden, sind über Stunden, Tage oder Wochen leichter erregbar. Die Myelinhülle der Neuriten wird stärker, die Informationsgeschwindigkeit wird erhöht, desto öfter ein Neuron aktiviert wird. Informationen gehen nicht mehr verloren, wenn sie im Langzeitgedächtnis gespeichert sind. Sie können allerdings überlagert oder ins Unterbewusstsein abgetaucht und damit nicht, oder zumindest nicht spontan, abrufbar sein.

Neuronen aktivieren

Tipp für Ihre Schüler

Wenn du möchtest, dass das, was du lernst, möglichst lange, vielleicht sogar für immer gespeichert wird, dann sind aller guten Dinge drei:

1. Interessiere dich für vieles. Je mehr du weißt, desto mehr „Aufhänger" finden neue Informationen, um sich daran festzuhalten.

2. Vom Aufnehmen einer Information bis zur Speicherung im LZG vergehen mehrere Stunden oder manchmal sogar Tage, und wenn du diesen Speicherprozess störst, etwa durch zu laute Musik, durch Fernsehen oder Computeraktivitäten, gehen viele Informationen wieder verloren – dann hast du sozusagen umsonst gelernt.

3. Wenn du richtig und sicher lernen und vor allem Zeit sparen willst, dann solltest du nach der Schule nicht sofort den Fernseher oder Computer einschalten, sondern lieber Sport treiben, ruhige Musik hören oder einfach ein wenig entspannt faulenzen.

GEDÄCHTNISTYPEN KENNEN

51

Episodisches, semantisches, prozedurales Gedächtnis

Der Bereich des Gedächtnisses, in dem persönliche Daten und eigene Erfahrungen, die stark mit Gefühlen verbunden sind, gespeichert werden, wird als *episodisches* oder *autobiografisches Gedächtnis* bezeichnet. *Semantisches Gedächtnis* meint hingegen das Faktengedächtnis, hier befinden sich die Daten der Außenwelt sowie sprachliche und mathematische Informationen. Der Begriff *deklaratives Gedächtnis* fasst das episodische und das semantische Gedächtnis zusammen. Des Weiteren spricht man von einem *prozeduralen Gedächtnis*, das Fertigkeiten wie Radfahren speichert.

Das menschliche Gehirn funktioniert also nicht etwa wie die Festplatte eines Computers, auch wenn dieses Bild gern bemüht wird. Es speichert nicht einfach Nullen und Einsen, sondern es speichert Interpretationen! Der Mandelkern (Amygdala) und das Seepferdchen (Hippocampus) spielen bei der Speicherung eine große Rolle. Sie filtern und sortieren Sinneseindrücke, die dann, je nach Art der Information, in der rechten (biografisches Gedächtnis) oder in der linken Gehirnhälfte (Faktenwissen) abgespeichert werden können. Gefühle spielen eine herausragende Rolle bei der Erinnerung. Positiv besetzte Informationen werden im Hippocampus, negativ besetzte in der Amygdala abgespeichert. Je stärker die emotionale Bewertung einer Information ist, desto intensiver ist die Speicherung.

Menschen lassen sich unterschiedlichen Gedächtnistypen zuordnen:

Verbal, visuell, motorisch

- Verbaler Gedächtnistyp (braucht Wörter, um sich gut zu erinnern)
- Visueller Gedächtnistyp (braucht Bilder)
- Motorischer Gedächtnistyp (braucht Handlungen und Bewegungen)

Tipp für Ihre Schüler

Überlege dir, ob du dir leichter etwas merkst, wenn du Informationen hörst, wenn du Bilder siehst oder wenn du selbst etwas ausprobierst und dich beim Lernen bewegst. Versuche deine Lernmethoden dem Ergebnis bewusst anzupassen (Tipp 49).

❯ Tipp 49

DIE MERKFÄHIGKEIT BEEINFLUSSEN

52

Der Schlaf spielt beim Abspeichern von Informationen eine ganz besondere Rolle. Wer sich am Abend noch einmal neue Namen oder andere Details ins Gedächtnis ruft, kann mit großer Wahrscheinlichkeit damit rechnen, dass diese Informationen im Langzeitgedächtnis landen – während er schlummert und träumt. Schlaf in der Nacht oder ein Nickerchen am Tag helfen beim Merken und die verschiedenen Schlafphasen verstärken die Abspeicherung im Langzeitgedächtnis (Tipp 53). Emotionale Erinnerungen festigen

❯ Tipp 53

sich vor allem in den Morgenstunden. In den sogenannten REM-Phasen (REM = Rapid Eye Movement) verarbeitet das Gehirn aktiv Eindrücke. Die traumlosen Tiefschlafphasen dienen dagegen der Regeneration. Außerdem findet eine Umorganisation im Gehirn überwiegend in diesen Phasen statt. Solche Anpassungen sind eine Grundlage für das Lernen und Erinnern. Im Hippocampus werden Erlebnisse noch einmal abgespielt und eine Erinnerungsspur wird angelegt, sodass die Informationen wiedergefunden werden können. Dieser Prozess ist entscheidend, damit Erinnerungen und Gelerntes verfestigt werden.

„Das merk ich mir im Schlaf!"

Aber nicht nur im Schlaf wird Gelerntes langfristig abgespeichert. Auch tagsüber kann man die eigene Merkfähigkeit positiv beeinflussen. Nämlich mit …

- Neugier
- Freude und Begeisterung
- Entspannung und Gelassenheit
- Bewegung (Tipp 87, 96, 97)
- „Brainfood" (Nahrungsmittel wie z. B. Nüsse, Mandeln, Bananen, Joghurt, Fisch, usw., die das Gehirn u. a. mit wichtigen Vitaminen, Mineralstoffen, Eiweiß und Omega-Fettsäuren versorgen und damit zu einer besseren Gehirnleistung beitragen.)
- ausreichend trinken, also eineinhalb bis zwei Liter am Tag
- detaillierter Wahrnehmung
- Aufmerksamkeit und Konzentrationsfähigkeit
- bildhaftem Vorstellungsvermögen
- großem Wortschatz
- Fantasie- und Gedächtnistraining (Tipp 46, 47, 56)

❱Tipp 87, 96, 97

❱Tipp 46, 47, 56

Um die Ecke gedacht

Was die Merkfähigkeit betrifft, so sorgt die Schnelligkeit von PC und Fernseher dafür, dass Informationen kaum ins Kurzzeitgedächtnis (KZG) und selten ins Langzeitgedächtnis (LZG) gelangen. Die Überreizung ist zu groß und Speicherprozesse werden immer wieder gestört oder ganz abgebrochen (Tipp 26, 77). Ein Lernstoff, den man als Leh-

❱Tipp 26, 77

rer am Vormittag mit viel Mühe versucht zu vermitteln, schafft es allzu oft nicht, fest abgespeichert zu werden, also ins LZG zu gelangen. Und selbst wenn Informationen dort angekommen sind, müssen sie wiederholt werden, um jederzeit parat zu sein. Das erfolgt leider immer seltener mithilfe gemachter Hausaufgaben, sondern bleibt zunehmend auf die Zeit des Unterrichts beschränkt. Somit sind in den Unterrichtsstunden viele Wiederholungen notwendig, damit ein Lernstoff überhaupt ins Kurzzeitgedächtnis und schließlich ins Langzeitgedächtnis kommt (Tipp 54).

❯ Tipp 54

Tipp für Ihre Schüler

Leg dein Buch am Abend unter dein Kopfkissen und du weißt am nächsten Morgen eine Menge. Lachst du jetzt über diesen Satz? Das funktioniert natürlich nur, wenn du vorher in das Buch hineingeschaut und mit Verstand darin gelesen hast.
Wenn du vor dem Schlafengehen z. B. ein Gedicht oder Vokabeln wiederholst (nicht neu lernst), dann hat dein Gehirn Ruhe und Zeit, alles abzuspeichern, während du schläfst.

SCHLAFEN FÖRDERT DIE MERKFÄHIGKEIT

Während des Schlafes tauschen unzählige Neuronen in ständig wechselnden Mustern elektrische Signale untereinander aus und die rhythmische Aktivität ist stärker als im Wachzustand. Schlafverlust beeinträchtigt Aufmerksamkeit, Konzentration, Wahrnehmung, das Kurzzeitgedächtnis und das logische Denken.
Im Schlaf werden die Lernerfahrungen des Tages noch einmal durchgespielt und organisiert. Der Hippocampus, der Einzelheiten abspeichert, ruft sie nachts wieder auf und transferiert sie innerhalb von Wochen, Monaten und manchmal Jahren in die Hirnrinde.

Im Schlaf können tagsüber verloren gegangene Gedächtnisspuren wieder hergestellt werden. Informationen werden umgespeichert, komprimiert und in neue Zusammenhänge gebracht.

Achtung!

Es ist wichtig, Schülern und Eltern deutlich zu machen, dass Lernen und Schlafen zusammengehören und dass Schüler leichter lernen, wenn sie ausreichend schlafen.

MERKEN MIT WIEDERHOLUNGEN

54

Informationen werden durch Wiederholungen, die über bestimmte Zeiträume verteilt stattfinden, gefestigt bzw. verfestigt. Die erste erhaltende Wiederholung geschieht in der ersten Lernminute. Das Gehirn kann etwa sieben Informationseinheiten weniger als dreißig Sekunden festhalten. In dieser Zeit muss man sie wiederholen und „merk-würdig" machen, damit sie nicht verloren gehen. Die nächsten Wiederholungen sollten nach etwa neunzig Minuten und dann noch einmal nach neunzig Minuten gemacht und in neue Zusammenhänge gestellt werden. Optimal ist, die zu wiederholenden Inhalte für unterschiedliche Sinne aufzubereiten, einmal visuell, auditiv usw.

Vor dem Schlafengehen erfolgt dann eine weitere Wiederholung, damit die Informationen im Schlaf leicht gefestigt werden können (Tipp 53).

❯ Tipp 53

Tipp für Ihre Schüler

Wiederhole regelmäßig: Wenn du etwas neu gelernt hast, solltest du dieses Wissen mithilfe von Wiederholungen am gleichen Tag, am nächsten Tag, in der nächsten Woche und nach einigen Wochen festigen. Alle Wiederholungen sorgen dafür, dass Informationen vom Kurzzeitgedächtnis ins Langzeitgedächtnis gelangen können.

55

Zwei ähnliche Informationen, die gespeichert werden sollen, behindern sich gegenseitig, wenn sie zeitlich oder räumlich zu dicht aufeinanderfolgen. Das Einprägen kostet dann viel Energie und beim Abrufen kommt es immer wieder zu Verwechslungen. Beispielsweise sollten englische und französische Vokabeln deshalb nicht direkt hintereinander gelernt werden und Wörter, die ähnlich geschrieben werden, nicht in Spalten nebeneinander, sondern möglichst in unterschiedlichen Farben und auf anderen Seiten notiert werden.

Energie sparen

Übung

1. Wörter mit einer bestimmten Schreibweise suchen, z. B. Wörter mit „ai", „ss", „in", „k" oder „g" am Ende.
2. Mit diesen gefundenen Wörtern Sätze oder kleine Geschichten erfinden, in denen dann eine ähnliche Schreibweise nicht vorkommen darf, z. B. darf in einem Satz mit „ai"-Wörtern kein „ei" vorkommen und in einem Satz mit Wörtern, die auf „k" enden, keine Wörter, die mit „g" enden.
Zum Beispiel:
Kai Kaiser ist das Waisenkind, das in Mainz am Main lebt und oft am Wegrain spazieren geht und ein Saiteninstrument spielt. Im Mai, in der Saison angelt Kai mit Rainer am Main und schenkt den Fischlaich dem fairen Saint John, der um die Taille oft das mit Pailletten besetzte Tuch geschlungen hat, das der Ukrainer Lakai ihm aus der Taiga oder vom Baikalsee mitgebracht hatte.

Tipp für Ihre Schüler

Wenn du kurz vor einem Test, vor einer Prüfung neues Wissen lernst, dann stört das „Einsortieren", d. h. das Speichern der neuen Informationen im Gehirn, das Abrufen früher gelernten Stoffes. Lerne also rechtzeitig, wiederhole mehrfach und lerne nicht mehr direkt vor eine Klassenarbeit oder einer Prüfung. Teile dir deine Zeit gut ein und denke an „Pufferzeiten" (Tipp 7–9).

❯ Tipp 7–9

56

Wenn es um Gedächtnistraining geht, ist es einerseits wichtig, sowohl das Ultrakurzzeitgedächtnis als auch das Kurzzeitgedächtnis in Schwung zu bringen, damit wieder mehr Informationen aufgenommen werden; andererseits sollte immer wieder auch das Langzeitgedächtnis angesprochen werden.

Positive Wirkung | Gedächtnistraining
- verbessert das Kurzzeitgedächtnis,
- beeinflusst den Hirnstoffwechsel positiv,
- vermindert Stressreaktionen,
- führt zu einer intensiveren Durchblutung der Organe,
- setzt »Glücksstoffe« (Endorphine) frei, die bei positiven Erlebnissen und nach erfolgreicher Anstrengung gebildet werden,
- stärkt das Immunsystem, da die „Glücksstoffe" zu einer positiven Hormonlage führen und Organe nicht belastet, sondern durch die intensivere Durchblutung sogar positiv beeinflusst werden.

Achtung!

Wird eine Information aus unterschiedlichen Blickwinkeln betrachtet und verknüpft, speichert das Gehirn sie mehrfach ab und findet sie daher auch eher wieder.

Übungen

Natürlich gibt es viele Möglichkeiten, das Gedächtnis zu trainieren. Versuchen Sie es einmal damit:

Kinderzimmer

Bitten Sie die Schüler, die Augen zu schließen und sich ihr Kinderzimmer vorzustellen. Wie sieht die Tür aus? Was steht oder liegt links neben der Tür? Wie sieht das Fenster aus? Welche Bilder hängen an welcher Wand? Woraus ist der Fußboden? Welche Farbe haben die Möbel? Wie sieht das Bettzeug aus? Liegt etwas auf dem Schrank? Wie sieht der Arbeitstisch aus? Wie sieht die Tapete aus? ...

Schulweg

Bitten Sie die Schüler auch bei dieser Gedächtnisübung zuerst, die Augen zu schließen. Dann sollen sie sich vorstellen, wie sie morgens ihre Schultasche nehmen und das Haus verlassen. Wie sieht das Haus aus, in dem sie wohnen? Welches Haus steht daneben? Welche Geschäfte sind in der Straße? Ist in der nächsten Straße, in die sie einbiegen, eine Ampel? Gibt es Bäume? Wie viele Stockwerke haben die Häuser? Wie viele Straßen müssen auf dem Schulweg überquert werden?

Tipp für Ihre Schüler

Trainiere dein Gedächtnis mit einem Freund: Lass dir von einem Freund öfter mal fünf bis sieben Gegenstände nennen und beschreiben und merke dir möglichst viele Einzelheiten. Wenn du eine kleine Geschichte erfindest, in der diese Wörter vorkommen, merkst du sie dir ganz leicht (Tipp 62, 67).

❯ Tipp 62, 67

MIT DER LERNKARTEI LEICHTER LERNEN

57

Für Vokabeln, aber auch für Daten und Fakten in Fächern, wie z. B. Geschichte oder Biologie ist es sinnvoll, eine Lernkartei anzulegen. So wird immer nur das wiederholt, was noch nicht richtig sitzt.

Übung

Für eine eigene Lernkartei werden kleine Karten ausgeschnitten, und die Vorderseite wird mit einer Frage, einer Vokabel, einem Fremdwort oder einem Fachbegriff beschriftet. Auf der Rückseite wird die entsprechende Antwort oder die deutsche Bedeutung der Vokabel oder des Fremdwortes festgehalten.

Danach wird ein Kasten, z. B. ein Schuhkarton, in vier Fächer eingeteilt. Das erste Fach ist sehr klein und die weiteren Fächer bieten immer mehr Platz. Alle Karteikarten werden zu Beginn in das erste Fach gelegt. Wenn später wiederholt

Effektiv wiederholen

wird, landen die Karten, die richtig beantwortet wurden, im zweiten Fach. Bei der Wiederholung am nächsten Tag wandern die richtig gelösten Fragen in das dritte Fach. Wenn nach einer Woche erneut wiederholt wird, kommen die gewussten Fragen in das vierte Fach. Nicht richtig beantwortete Fragen kommen immer wieder in das erste Fach. Wenn dort nichts mehr hineingeht, bedeutet das, mehr lernen! Bei der Wiederholung nach ein paar Monaten, können richtig beantwortete Kärtchen außerhalb des Karteikastens auf einen Stapel gelegt werden, dessen Höhe in Zentimetern gemessen wird. Am Ende des Schuljahres kann man feststellen, dass zehn, zwanzig, dreißig oder sogar vierzig Zentimeter Wissen im Kopf gelandet sind. Das ist ein toller, sichtbarer und wirklich „greifbarer" Erfolg.

Tipp für Ihre Schüler

Wenn du sicher sein willst, dass das, was du lernst, auch wirklich im Langzeitgedächtnis landet, musst du es mehrmals an unterschiedlichen Tagen wiederholen und möglichst anwenden, d.h. es jemandem erzählen, aufschreiben, in einen Zusammenhang mit anderen Infos bringen. Das gelingt besonders gut mit Lernkärtchen.

MARKIEREN UND SKIZZEN ZEICHNEN

58

Wenn die Schüler in ihren Hausheften zu wichtigen Informationen kleine Skizzen zeichnen und wichtige Begriffe und Regeln mit unterschiedlichen Farben markieren, fällt das Lernen leichter, da beide Hirnhälften aktiviert werden und ganz besonders der visuelle Lerntyp nur wenig Energie zum Einprägen der Informationen braucht (Tipp 12, 13, 21).

❯ Tipp 12, 13, 21

❯ Tipp 49 Ein Schüler merkt sich Lernstoff leichter (Tipp 49),
■ wenn er wichtige Begriffe oder Inhalte mit einem Textmarker farblich unterschiedlich markiert,

- wenn er wichtige Wörter und/oder Sätze in einer anderen Schrift schreibt oder nicht mit seiner Schreibhand (Tipp 31),

❯ Tipp 31

- wenn er sich sooft wie möglich Skizzen zum Text macht (damit lernen sich z. B. Vokabeln viel leichter),
- wenn er einen Rand lässt für Anmerkungen,
- wenn er genügend Platz lässt und nicht am Papier spart,
- wenn er Zusammenfassungen mit eigenen Worten notiert.

Tipp für Ihre Schüler

Markiere in einem Lerntext wichtige Begriffe und zeichne kleine Skizzen in dein Heft. So merkst du dir schwierige Informationen besser. Je schwerer es dir fällt, dir bestimmte Inhalte einzuprägen, desto größer sollte die Schrift deiner Notizen sein und desto mehr Platz solltest du lassen.

FERNSEHEN? SCHLECHT FÜR'S GEDÄCHTNIS!

59

Durch frühen Fernsehkonsum bereits im Kleinkindalter, durch die schnelle Aufeinanderfolge fertiger Bilder, kann sich die Vorstellungskraft bei einem Menschen nicht richtig entwickeln. Das beeinflusst das Lernen in allen Fächern negativ. Dieser Mangel an Fantasie macht sich nicht nur beim Lösen von Textaufgaben im Matheunterricht bemerkbar, sondern auch beim Textverständnis in Deutsch und in vielen anderen Fächern.

Mangelnde Vorstellungskraft

Der bekannte Hirnforscher Manfred Spitzer erläutert in seinen Büchern und Filmen wissenschaftliche Studien zum Thema Fernsehen. In diesen Studien wurde festgestellt: Kinder schlafen durchschnittlich sieben bis acht Stunden täglich und schauen am Tag durchschnittlich fünf bis sechs Stunden fern bzw. verbringen diese Zeit am Computer.

Es ist wichtig, Schüler auf diese Studien und die Zusammenhänge zwischen Fernsehen und Lernen aufmerksam zu machen und in Elterngesprächen und auf Elternabenden dieses

Thema anzusprechen. Vor allem Kinder mit Konzentrationsproblemen und Lernschwierigkeiten, sollten nicht die Möglichkeit haben, zu jeder Tages- und Nachtzeit vor den Geräten zu sitzen.

In Elterngesprächen kann deutlich gemacht werden, wie notwendig es ist, zu wissen, welche Filme die Kinder schauen, welche Computerspiele gespielt werden und auf welchen Internetseiten sich die Kinder aufhalten.

Achtung!

Manfred Spitzer macht außerdem auf Folgendes aufmerksam: Der intensive Fernsehkonsum in der Kindheit, im Alter von fünf bis fünfzehn Jahren, führt zu

- einem geringeren Kalorienverbrauch (250 Kalorien weniger als beim Nichtstun),
- verstärktem Knabbern von ungesunden, dick machenden Lebensmitteln,
- Übergewicht als Erwachsener,
- einem geringeren Muskeltonus,
- einem höheren Cholesterinspiegel im Alter von dreißig Jahren,
- einem verstärkten Risiko zu rauchen,
- Bewegungsmangel,
- Lesestörungen,
- mehr Gewaltbereitschaft,
- einer negativen Beeinflussung des Bildungstandes: „Vielseher" sind schlechter im Lesen und Schreiben und lernen langsamer. Bei weniger intelligenten Kindern sorgt übermäßiger Fernsehkonsum für einen besonders drastischen Leistungsabfall.

Tipp für Ihre Schüler

Wenn du lange am Computer oder am Fernseher sitzt, solltest du zwischendurch deine Blicke immer wieder einmal in die Ferne schweifen lassen und aus dem Fenster schauen. Das ist Erholung pur für deine Augen und schenkt dir wieder neue Konzentration (Tipp 90).

❯ Tipp 90

Die griechische Göttin Mnemosyne ist die Schutzpatronin des Gedächtnisses. Nach ihr ist die Gedächtniskunst Mnemotechnik benannt. Aristoteles war der erste Gedächtnisforscher, und er schrieb bereits, dass bildhafte Vorstellungen und Emotionen das Abspeichern von Informationen verbessern. „Ein Bild sagt mehr als tausend Worte", lautet ein bekanntes Sprichwort.

Mnemotechnik

Viele Studien belegen, dass der Bildüberlegenheitseffekt beim Menschen sehr groß ist. Wird eine Information mündlich mitgeteilt, so erinnern sich nach drei Tagen nur zehn Prozent der Schüler. Zeigt man zu der Mitteilung zusätzlich ein Bild, erinnern sich bis zu fünfundsechzig Prozent der Schüler.

Texte sind deshalb viel schwieriger zu merken als Bilder, weil es für das Gehirn keine Wörter gibt. Es nimmt diese als eine Menge winziger Bilder wahr.

Tipp für Ihre Schüler

Bei den Gedächtnistechniken geht es immer wieder darum, deine Vorstellungskraft zu trainieren, damit du im Unterricht und beim Lernen zu Hause blitzschnell dein „Kopfkino" anschalten kannst und dir Bilder einfallen, die das Merken optimal unterstützen.

Der visuelle Lerntyp wird mit diesen Gedächtnistechniken besonders leicht lernen. Außerdem helfen alle Gedächtnistechniken, Referate mühelos ohne Stichwortzettel vorzutragen (**Tipp 61–78**).

❯Tipp 61–78

Hilfssätze sind eine gute Gedächtnisstütze, wenn es beim Merken um eine bestimmte Reihenfolge geht. Je lustiger oder „verrückter" diese Sätze sind, desto besser erinnert man sich später.

Übungen

Astronomie

Reihenfolge der Planeten von der Sonne aus: „Mein Vater erklärt mir jeden Sonntag unsere neun Planeten."
Merkur, Venus, Erde, Mars, Jupiter, Saturn, Uranus, Neptun, Pluto (Pluto gilt heute nicht mehr als Planet).

Erdkunde

Die fünf größten deutschen Inseln: „Rüdiger und Ferdinand sind Förster-Inseln."
Rügen, Usedom, Fehmarn, Sylt, Föhr.

Politik

Bundeskanzler seit 1949: „Alle ehemaligen Kanzler backen schmale kohlschwarze Schoko-Mercis."
Konrad Adenauer, Ludwig Erhard, Kurt Georg Kiesinger, Willy Brandt, Helmut Schmidt, Helmut Kohl, Gerhard Schröder, Angela Merkel.

„KETTENTECHNIK"

Bei dieser Gedächtnistechnik werden die zu merkenden Begriffe wie die Glieder einer Kette so aneinandergehängt, dass die richtige Reihenfolge erhalten bleibt. Die Schüler erfinden eine möglichst lustige oder verrückte Geschichte und drehen in Gedanken einen Film (Tipp 43).

❭ Tipp 43

Übung

Bahnhof – Clown – Betttuch – Gespenst – Himmel – Vollmond – Hotel – Toilette – Glocken – Treppe – Café – Herz. Diese Geschichte könnten Sie den Schülern beispielhaft entsprechend der Begriffe erzählen: „Du kommst am Bahnhof an. Es ist Fasching und du hast dich mit einem weißen Betttuch als Gespenst verkleidet. Du stehst vor dem Bahnhof und schaust zum Himmel. Der Vollmond steht direkt über dem Hotel. Du schleichst in das Hotel und wartest in der Toilette des ersten Stocks, bis die Kirchturmglocken zwölf-

mal schlagen. Du rennst durch den Gang mit „Huhuhuhu",
klopfst laut an einige Türen, rennst die Fluchttreppe hinun-
ter und verschwindest blitzschnell im Internet-Café. Dein
Herz rast.“

Achtung!

Wichtig ist, sich nicht nur die einzelnen Begriffe vorzustellen, sondern einen „Film" zu drehen; mit der Kamera ganz
langsam von einem Begriff zum nächsten zu schwenken,
sodass die Bilder miteinander „verknüpft" werden.

„ABC-Technik"

63

Hierbei wird zunächst zu den einzelnen Buchstaben des
Alphabets in Gedanken ein Bild gemalt, z.B. A = Affe, B =
Ball, C = Cola, D = Drachen usw. Wenn diese Bilder jederzeit
abrufbar sind, haben die Schüler die Grundlage für ein erfolgreiches Merken. Wichtige Informationen, die in einer
bestimmten Reihenfolge gemerkt werden sollen, werden
nun mit den ABC-Bildern in Gedanken verbunden.

Gedankenbilder

Um die Ecke gedacht

Diese ABC-Technik können Sie natürlich auch gut für die
Rechtschreibung benutzen (Tipp 79). Wenn ein Schüler
z.B. immer wieder überlegen muss, ob er Akkordeon mit
„ck" oder mit „kk" schreiben soll, dann malt er ein fanta-
sievolles Gedankenbild, auf dem zwei Kamele gemeinsam
Akkordeon spielen.

❯ Tipp 79

Tipp für Ihre Schüler

Stell dir die folgenden Dinge ganz genau vor und male Fan-
tasiebilder: Auto – Bus – Computer – Drachen – Erdbeere –
Fenster – Gitarre – Haus – Insel – Jogurt – Klavier – Löwen-
zahn – Mond – Nadel – Ohr – Paket – Qualm – Rock –
Schildkröte – Torte – Uhr – Vogelscheuche – Wasserhahn –
Xylophon – Yacht – Zelt.

64 „Spiegeltechnik"

Bei der Spiegeltechnik geht es darum, den eigenen Körper als Gedächtnisstütze einzusetzen und Informationen bildhaft mit Körperteilen zu verknüpfen. Am einfachsten gelingt dies am Anfang mit Gegenständen, bevor man mit schulischen Informationen, z. B. Stichwörtern für ein Referat übt.

Übung

Körper als Gedächtnisstütze

Konfrontieren Sie die Schüler mit folgendem Problem: „Stellt euch vor, ihr sollt für eure Großmutter im Supermarkt einkaufen: Orangen, Mayonnaise, Spaghetti, Ketchup, Mehl, Vanilleeis, Möhren. Da ihr immer damit angebt, was für ein tolles Gedächtnis ihr habt, könnt ihr euch die Lebensmittel jetzt natürlich nicht aufschreiben. Was tun? Versucht euch die Dinge, die ihr kaufen sollt, mithilfe der Spiegeltechnik zu merken: Stellt euch vor, ihr steht vor dem Spiegel und habt auf dem Kopf ein Netz Orangen. Euer Mund ist mit Mayonnaise beschmiert. Um den Hals habt ihr einen Schal aus weich gekochten Spaghetti, euer T-Shirt ist mit Ketchup bekleckert, eure Hose ist total mit Mehl bestäubt, auf eurem linken Fuß balanciert ihr eine große Packung Vanilleeis und – o Schreck! – eure Zehen haben sich in Möhren verwandelt!"

65 „Taschentrick"

Wenn Ihre Schüler z. B. bei einem Referat keinen Stichwortzettel benutzen wollen oder sollen, dann bringen Sie ihnen doch den „Taschentrick" bei.

Übung

Jeder Gegenstand ein Stichwort

Die Schüler legen sich zunächst zu Hause ein paar kleine Gegenstände zurecht: Centstück, Radiergummi, Büroklammer, Murmel, Streichholz, Anspitzer, Wattebällchen, Ohrenstäbchen, usw. Dann geben Sie ihnen folgenden Auftrag:

„Nehmt das Centstück in die Hand. Spürt, wie es sich anfühlt. Nehmt dieses Gefühl ganz bewusst wahr und denkt dabei an das erste Stichwort eures Referates. Verbindet in einem Gedankenbild das Stichwort mit dem Centstück. Wenn ihr das intensiv genug gemacht habt, wird später beim Anfühlen des Centstückes sofort das entsprechende Stichwort auftauchen. Als nächstes fühlt ihr das Radiergummi in der Tasche und denkt dabei an das zweite Stichwort des Referates usw. Wenn ihr z. B. acht Stichwörter für ein Referat habt, sucht euch acht kleine Gegenstände, die ihr in der Hosen- oder Rocktasche aufbewahrt und denen ihr jeweils ein Stichwort zuteilt. In der Schule braucht ihr dann nur eine Hand in die Tasche zu stecken und die kleinen Gegenstände zu fühlen, um euch an das dazugehörige Stichwort zu erinnern. So seid ihr ganz sicher und werdet nichts vergessen, ganz gleich wie aufgeregt ihr seid."

Tipp für Ihre Schüler

Die Steintechnik funktioniert ähnlich wie der Taschentrick. Du legst Steine in unterschiedlicher Größe, Form und Oberfläche vor dich hin und verbindest jedes Stichwort eines Referates oder wichtige Informationen mit den unterschiedlichen Steinen, hältst sie dabei in der Hand und spürst sie, während du ein Gedankenbild dazu malst.

Diese Technik kannst du auch einsetzen, wenn es darum geht, wichtige Aufgaben und Termine mit diesen Steinen in Gedanken fantasievoll zu verbinden und dann auf dem Schreibtisch aufzureihen. Immer wenn du etwas erledigt hast, nimmst du den entsprechenden Stein weg. Das gibt dir ein gutes Gefühl, denn du siehst und fühlst, wie viele Aufgaben du schon erledigt hast und wie die Anzahl der Steine immer kleiner wird. So bist du motiviert, zügig weiterzuarbeiten und in kurzer Zeit fertig.

„Uhrtechnik"

66

Reihenfolge erinnern

Bei dieser Gedächtnistechnik sieht der Schüler in Gedanken eine riesengroße Uhr und „malt" Bilder der zu merkenden Informationen zu den Uhrzeiten von ein Uhr bis zwölf Uhr. Ursprünglich ist diese Technik für das Einprägen von Terminen gedacht; es können jedoch auch Informationen mit den Ziffern verbunden werden, besonders dann, wenn es um eine bestimmte Reihenfolge von Informationen geht.

Übung

Spektralfarben: Rot – Orange – Gelb – Grün – Blau – Dunkelblau.
Erklären Sie die Technik z. B. so: „Um euch die Reihenfolge der Spektralfarben gut zu merken, malt ihr zu der Eins in Gedanken ein rotes Feuerwehrauto, zu der Zwei eine dicke Orange, zu der Drei eine leuchtende Sonne, zu der Vier einen Teller voll Spinat oder einfach ein großes grünes Blatt, zu der Fünf blaue Meereswellen und zu der Sechs einen tiefblauen Nachthimmel mit glitzernden Sternen."

„Lokalisationstechnik"

67

Ein Lokaltermin ist ein Ortstermin, und so geht es bei dieser Technik darum, die wichtigen Begriffe an bestimmten Orten „aufzuhängen". Es bietet sich an, mit dem eigenen Wohnzimmer oder mit dem Klassenraum zu beginnen und die zu merkenden Informationen in Gedankenbildern fantasievoll an die Wände zu malen, in die Ecken zu stellen, auf den Fußboden zu legen, an die Decke oder an bestimmte Gegenstände zu hängen. Der Weg beginnt immer an der Zimmertür und geht dann rechtsherum weiter.

Jeder Begriff ein Ort

Übung

Geben Sie den Schülern den Auftrag, ein Referat über das Mittelalter zu halten und über folgende Punkte zu sprechen:

Kolumbus – Reichsapfel – Buchdruck – Kogge – Burgfried – Goldene Bulle – Walter von der Vogelweide.

Durch die Wohnzimmertür kommt Kolumbus. Er geht rechts an der Wand mit dem großen Reichsapfel vorbei. In der Ecke ist ein hoher Bücherstapel. Durch das Fenster sieht man ein Segelschiff. An die nächste Wand ist eine große Burg gemalt. Auf dem Tisch ist ein kleiner Markt aus Bausteinen und Spielfiguren aufgebaut. Von der Decke hängt eine Goldene Bulle und auf dem Fußboden befindet sich eine Wiese, auf der ein großer bunter Vogel gelandet ist.

„ZAHLEN-MERKWORT-TECHNIK" I

68

Lernen mit
Merkwörtern

Bei dieser Gedächtnistechnik geht es um das Lernen mit Merkwörtern. Zunächst wird überlegt, was einem zu den Zahlen von eins bis zehn einfällt. Es müssen Begriffe und Bilder sein, die später sofort auftauchen, wenn man die jeweilige Zahl hört. Ein Schüler denkt bei der Eins vielleicht an einen Turm, der andere an einen Baum oder an eine Rakete. In diesem Beispiel steht die Eins für einen Turm. Die Brille hat zwei Gläser, das Dreirad drei Räder, usw.

1 = Turm	6 = Würfel (6 Flächen)
2 = Brille (2 Gläser)	7 = 7 Zwerge
3 = Dreirad (3 Räder)	8 = Achterbahn
4 = Fenster (4 Viereck)	9 = Kegel (alle Neune!)
5 = Hand (5 Finger)	10 = Zehen (10 Zehen)
	11 = Fußball (2 x 11 Spieler)

Anschließend können diese Zahlenmerkwörter fantasievoll mit den neu zu lernenden Informationen verbunden werden. So fällt es leicht, sich eine bestimmte Reihenfolge von Informationen gut zu merken, vor allem jedoch kann der Schüler in Gedanken seine Zahlenmerkwörter durchgehen und sofort feststellen, welche Information, welches Stichwort er vergessen hat.

Übung

Bitten Sie die Schüler sich vorzustellen, sie müssten ein Referat über die „Spuren der Indianer in Europa" halten und dürften keinen Merkzettel benutzen. Es geht um diese Begriffe: 1. Kanu, 2. Tomaten, 3. Maiskolben, 4. Anorak, 5. Kakao, 6. Nüsse, 7. Kartoffeln, 8. Lamas, 9. Ananas, 10. Paprika, 11. Ponchos.

Mithilfe der Merkworttechnik könnten die Inhalte des Referats und ihre Reihefolge so verinnerlicht werden: Oben auf einem Leuchtturm dreht sich ein großes Kanu. Auf den Brillengläsern sind Tomaten. Ein Dreirad zieht einen großen gelben Maiskolben hinter sicher her. Vor dem Fenster baumelt ein blauer Anorak. In der linken Hand hältst du eine Tasse leckeren Kakao. Mit der rechten Hand würfelst du und der Würfel hat statt Punkten Haselnüsse. Die 7 Zwerge spielen auf einem riesigen Kartoffelberg. In den Wagen der Achterbahn sitzen Lamas. Die Kegel auf der Kegelbahn sind neun Ananas. Mit den Zehenspitzen hältst du eine rote Paprika. Fußballspieler spielen in bunten Ponchos.

69 „GESCHICHTSZAHLENTECHNIK"

Bei dieser Gedächtnistechnik, die sich besonders zum Einprägen von wichtigen Zahlen eignet, wie z. B. Geschichtszahlen, werden die Anfangsbuchstaben der entsprechenden Zahlwörter von Null, Eins, Zwei usw. bis Neun zu Anfangsbuchstaben von Wörtern eines Satzes.

1 = E, 2 = Z, 3 = D, 4 = V, 5 = F, 6 = S, 7 = SI, 8 = A, 9 = N, 0 = NU.

Übung

▪ 1789 – Sturm auf die Bastille, Beginn der französischen Revolution

1 7 8 9

E Si A N

Erfolgreiche Sieger arbeiten nachts.

▬ 1871 – Gründung des deutschen Reiches
1 8 7 1
E A SI E
Ein Anfang sichert Erfolg.

„ZAHLEN-MERKWORT-TECHNIK" II

Wer Schwierigkeiten beim Zahlenmerken hat, und wer seine rechte Gehirnhälfte trainieren möchte, erarbeitet sich diese Zahlen-Merkwort-Technik, auch Erkosystem genannt. Diese Technik erinnert zunächst an Geheimschriften mit einem speziellen Code. Zahlen bekommen willkürlich die Bedeutung von Konsonanten.

Erkosystem

1 = T, D	6 = X, CH, SCH
2 = N	7 = G, K
3 = M	8 = F, V, PF
4 = R	9 = P, B
5 = L	0 = S, Z

Wie Sie sicher festgestellt haben, fehlen alle Vokale.
Das hat seinen Sinn, denn nun kann man mithilfe der jeweiligen Konsonanten und beliebig einsetzbarer Vokale Wörter bilden, die mit Fantasie in Bilder umgewandelt werden.

1 = T, D – Tee	6 = X – Hexe
2 = N – Noah	7 = G, K – Kuh
3 = M – Mao oder OMO	8 = F, V – Fee
4 = R – Reh	9 = P, B – Po, Bau
5 = L – Leu = Löwe	0 = S, Z – See, Zoo

Die Buchstaben WHY + J können Sie als »Joker« verwenden. Wenn die Gedankenbilder fest gespeichert sind, können z. B. Stichwörter für ein Referat oder für eine Klassenarbeit mit diesen Zahlmerkwörtern fantasievoll verknüpft werden.

71 „REIMTECHNIK" I

Bei dieser Reimtechnik werden zunächst für die Zahlen von Eins bis Zehn und für die Null Reime gesucht:
Um eins kommt der Heinz.
Um zwei legt das Huhn ein Ei.
Um drei bekommt das Baby Brei.
Um vier spiel' ich Klavier.
Um fünf lauf ich auf roten Strümpf'.
Um sechs kommt die Hex'.
Um sieben ess' ich Rüben.
Um acht spiel' ich Schach.
Um neun geh' ich in die Scheun'.
Um Null Uhr kommt der Bull'.

Jetzt kann man sich mithilfe der Bilder und einem kleinen Gedankenfilm Geschichtszahlen oder auch Zahlen in Biologie, Politik usw. sehr gut merken:
1. Geschichtszahl 1871: Gründung des Deutschen Reiches
Heinz spielt Schach und isst dabei so viele Rüben bis Heinz platzt.

2. Telefonnummer 543748
Ein Freund, der diese Telefonnummer hat, geht auf roten Strümpfen zum Klavier, isst dort einen Teller Brei mit roten Rüben, spielt dann Klavier und träumt dabei vom Schachspielen.

72 „BEWEGUNGSGEDÄCHTNISTECHNIK"

Diese Gedächtnistechnik ist besonders für Schüler des kinästhetischen Lerntyps geeignet, die Handlungen und Bewegung brauchen, um erfolgreich lernen zu können.
Wenn die Möglichkeit der Bewegung beim Lernen fehlt, wird diesen Schülern ein besonders hoher Aufwand an geistiger Energie abverlangt, um sich etwas einzuprägen. Fehlt

ihnen diese Energie, versagen diese Schüler oft (Tipp 87–90). ❯ Tipp 87–90

Diese Bewegungsgedächtnistechnik soll es den Schülern erleichtern, sich Zahlen sicher zu merken. Zunächst prägt man sich für jede Zahl von Null bis Neun eine typische Bewegung ein, wobei der Name der Bewegung mit dem gleichen Buchstaben beginnt wie die geschriebene Zahl. Wenn dann Geschichtszahlen oder wichtige Zahlen in anderen Fächern gelernt werden sollen, unterstützen diese typischen Bewegungen das Einprägen. Eine Bewegung zu jeder Zahl

▬ Null: Nach unten Neigen
Bei einer Null wird der Körper wie bei einer Verbeugung soweit wie möglich nach unten geneigt.

▬ Eins: Einbeinstand
Bei der Eins steht man auf einem Bein, während der Fuß in Pohöhe gehalten oder einfach nur leicht vom Boden abgehoben wird.

▬ Zwei: Zweihändig spielen
Bei der Zwei werden mit beiden Händen Fantasiebälle in die Luft geworfen und jongliert oder mit beiden Händen Klavier gespielt.

▬ Drei: Dirigieren
Bei der Drei wird (zur in Gedanken gehörten Lieblingsmusik) dirigiert.

▬ Vier: Vogelflug
Bei der Vier schwingen die Arme seitlich vom Körper und imitieren das Flattern der Vogelflügel. Schüler höherer Klassen können auch eine Vier in die Luft schreiben.

▬ Fünf: Füße hoch
Bei der Fünf werden die Füße abwechselnd so hoch wie möglich vom Boden gehoben.

▬ Sechs: Setzen – Stehen
Bei einer Sechs setzt man sich sechsmal auf einen imaginären oder realen Stuhl und steht schnell wieder auf.

▬ Sieben: Siegersprung und Siegerpose
Bei einer Sieben springt man so hoch wie möglich in die Luft, während die Arme nach oben schwingen. Schüler hö-

herer Klassen können auch nur beide Hände nach oben strecken.

▬ Acht: Armschwung

Bei einer Acht schwingen die Arme abwechselnd nach vorn und zurück (Gegenbewegung!) (Tipp 92).

❯Tipp 92

▬ Neun: Neugierig über die Mauer schauen

Bei einer Neun stellt man sich auf die Zehenspitzen, trippelt auf der Stelle und versucht, über eine imaginäre Mauer zu schauen. Schüler höherer Klassen können auch die Hände überkreuz abwechselnd links und rechts neben den Körper legen.

Übung

Musik

Ludwig van Beethoven wurde im 18. Jahrhundert geboren. Während man sich vorstellt, wie Beethoven auf einem Bein steht und die Arme vor und zurück schwingt, macht man selbst diese Bewegungen.

Mathematik

Für die Kreiszahl Pi wird nacheinander dirigiert, auf einem Bein gestanden und eine Vier in die Luft geschrieben.

Kunst

Die Künstlergruppe „Der Blaue Reiter" wurde 1911 gegründet. Während man sich bewegt, stellt man sich vor, wie ein blauer Reiter auf einem Bein steht, die Hände abwechselnd überkreuz links und rechts neben den Körper hält und dann einmal auf dem linken und danach auf dem rechten Bein steht.

„TAT-TECHNIK"

73

Wenn in Zukunft keine Aufgabe und auch kein Termin mehr vergessen werden soll, stellt sich der Schüler zunächst in Anlehnung an das Erkosystem für zwölf Stunden zwölf Tätigkeiten vor (Tipp 70).

❯Tipp 70

(1 = T / 2 = N / 3 = M / 4 = R / 5 = L / 6 = SCH / 7 = G / 8 = F / 9 = B / 10 = T – S / 11 = T – T / 12 = T – N)

1 = trinken	7 = gähnen
2 = naschen	8 = fotografieren
3 = musizieren	9 = backen
4 = rätseln	10 = Tiere streicheln
5 = lachen	11 = Tüten tragen
6 = schreien	12 = Torte naschen

Wenn diese Bilder eingeprägt sind, können Termine und Aufgaben fantasievoll mit diesen Tätigkeiten verbunden werden:

- Um ein Uhr geht Lisa mit einer Flasche Wasser in die Lernwerkstatt.
- Um drei Uhr geht Lisa Geige spielend zum Nachhilfeunterricht.
- Um fünf Uhr rennt Lisa lachend zum Tennis.
- Um sieben Uhr gähnt sich Lisa fit für die Matheaufgaben.

Tipp für Ihre Schüler

Die beste Zeit, sich viele Dinge zu merken, ist am Nachmittag zwischen fünfzehn und sechzehn Uhr. Das Langzeitgedächtnis arbeitet dann am aktivsten.

„REIMTECHNIK" II

74

Reime wie „333 bei Issos Keilerei" und Lieder sind für das Gehirn leicht verdaulich. Da sich bei Kleinkindern zunächst die rechte Hirnhälfte, die unter anderem für Reime, Melodien, Fantasie und Kreativität zuständig ist, stärker entwickelt, bevor die linke Hirnhälfte für logisches Denken sorgt, fällt es Kindern ganz besonders leicht, auf Reime und Melodien zu reagieren. Beim Reimen entsteht ein Rhythmus, eine Wortmelodie, die die rechte Hirnhälfte aktiviert, während die Bedeutung der Wörter in der linken Hirnhälfte verarbeitet wird. Lieder und Gedichte werden leicht gelernt, regen die Vorstellungskraft an und sorgen für eine intensive „Verdrahtung" der Nervenzellen, also für eine optimale Basis, was das spätere Lernen betrifft.

Wortmelodie nutzen

Vielleicht kennen Sie die folgenden Beispielsätze?

- „Kinzig, Sinn und Main
  schließen schnell den Spessart ein."
- „Neunzehn vierzig neun
  die Bundesrepublik kann sich freu'n."
- „Fünfzehn achtundachtzig
  Armada schafft's nicht."
- „Der Stängel von der Stange
  macht uns gar nicht Bange."

„SYMMETRIETECHNIK"

75

Bei der Symmetrietechnik geht es darum, schwierige Wörter mit bekannten leichten Wörtern, die in gewissem Sinne gleich geschrieben werden, zu verbinden. Die Technik kann in Fächern wie Deutsch, aber auch bei Fremdsprachen eingesetzt werden. Wenn Schüler bei englischen Vokabeln immer wieder überlegen müssen, ob ein Wort z. B. mit „ai" oder „ie" oder „ay" geschrieben wird, dann sollte nach Wörtern gesucht werden, die ähnlich geschrieben werden und schon bekannt sind. Mit diesen bekannten und unbekannten Wörtern in ähnlicher Schreibweise werden dann möglichst einprägsame, lustige Sätze gebildet.

Bekanntes mit Unbekanntem verbinden

Übungen

Englisch

I laid the maid onto the green floor,
then I lay myself onto the hay
and I never denied that this is all lied.

Deutsch

Lassen Sie Sätze bilden, in denen zwei oder mehr Wörter vorkommen, die ähnlich geschrieben werden.

- Die vier Vasen mit den Veilchen in Vaters Villa sind unversehrt und haben ein vorzeigbares Volumen.
- Das Waisenkind Kai Kaiser aus Mainz hat ein Faible für Saiteninstrumente und träumt im Mai oft vom Baikalsee und der Taiga.
- Der Chamäleonzüchter Christian spielt im Orchester in Manchester.
- Im Oktober kostet der Lokomotivführer von der Schokolade aus Tokio.
- Christine arbeitet in der Kantine und spielt Violine.

ESELSBRÜCKEN
76

Die Eselsbrücke ist eine veranschaulichende Gedächtnisstütze, eine Merkstrategie, um mithilfe ganz unterschiedlicher Techniken Informationen so sicher zu speichern, dass sie jederzeit abrufbar sind.

- Linsentypen: konkav und konvex
  Gedankenbild: Der Podex ist konvex.

- Alkohol: C_2H_5OH
  Herr Ober 5 Helle, 2 Cognac andersherum

- Kamele sind sie alle
  Doch mit zweimal „t", das ist ein Trampeltier,
  hat zwei Höcker hier.
  Das Dromedar hingegen hat nur einen,
  aber einen ganz besonders feinen.

- Elefanten
  *A*frikanische Elefanten haben *l*ange Ohren.
  *In*dische Elefanten haben *wi*nzige Ohren.

- Fotosynthese
  Aus dem Boden Wasser, aus der Luft CO_2.
  So entsteht Zucker und Sauerstoff wird frei.

- Mathematik
  Differenzen und Summen,
  kürzen nur die Dummen.

  Milli – Zenti – Dezi
  Milli, ein Affe, der, sich lausend,
  liebt die Tausend.
  Zenti, eine Flunder,
  liebt die Hundert.
  Dezi, ein besonderer Kenner,
  liebt den Zehner.

- Deutsch (Schreibweisen)
  Sei nicht dumm und merk' dir bloß:
  Namenwörter schreibt man groß.

  Känguru
  Kakadu und Gnu grüßen
  Panter und Känguru.

  Der Bär steht unter der Lärche.
  Der Vogel Lerche fliegt auf die Erde.

ESELSBRÜCKEN IM ENGLISCHUNTERRICHT

77

Die Eselsbrücke hat ihren Namen von dem sturen Esel, der wasserscheu ist und sich meistens weigert, selbst kleine Wasserläufe zu durchwaten. Darum baute man kleine Brücken, um den Esel mit seinen Lasten zum Ziel zu führen. Diese ermöglichen und erleichtern das Ankommen. Auch im Fremdsprachenunterricht helfen Eselsbrücken:

Englisch
Rechtschreibung
- „lose" und „choose" – choose chooses an „o", „lose" loses an „o".
- „wives" und „knives" – Ehefrauen und auch Messer, finden „v" im Plural besser!

Simple Past
Yesterday, ago und last,
Erfordern stets das Simple Past.

Present Perfect
Never, ever, yet, so far,
Present Perfect, ist doch klar.

Tipp für Ihre Schüler

Wenn du bis jetzt oft unsicher bist, was die Bedeutung von „if" und „when" betrifft, so merke dir die Eselsbrücke: „Falls" hat wie „if" ein „f". Wenn du im Deutschen auch „falls" sagen kannst, dann setze im Englischsatz „if" ein: *If you are too lazy at school, you won't pass your A-levels.*

MERKPOSTER **78**

❯ Tipp 58

Auf einem Merkposter können groß und deutlich Informationen für ein bestimmtes Fach stehen, ergänzt mit Skizzen und Bildern (Tipp 58). Auch Regeln lassen sich darauf an der Wand festhalten und können so leichter auf einen Blick erinnert werden.

Tipp für Ihre Schüler

Schreibe schwierige Formeln, Fachbegriffe, Vokabeln, Geschichtszahlen und Regeln mit einem dicken Filzstift auf die Rückseite alter Poster oder auf weiße oder farbige Plakatbögen und male Skizzen dazu.
Hänge dieses Merkposter an deine Zimmertür oder an die Wand gegenüber deines Schreibtisches, so dass du immer schnell mal einen Blick darauf werfen kannst, um die Infos sicher abzuspeichern.

79

Wenn ein Schüler immer wieder die gleichen Wörter falsch schreibt, so gibt es eine fantasievolle Möglichkeit, diese Rechtschreibfehler zu verhindern. Für jeden Buchstaben des Alphabetes malt der Schüler ein Fantasiebild, für „A" z. B. ein Auto, für „B" einen Ball, usw. (Tipp 63).

❯ Tipp 63

A = Auto	J = Jogurt	S = Sonne
B = Ball	K = Kamel	T = Torte
C = Cola	L = Lasso	U = Ufo
D = Drachen	M = Mond	V = Vase
E = Ei	N = Nase	W = Wolke
F = Flasche	O = Ofen	X = Hexe
G = Gitarre	P = Pilz	Y = Yacht
H = Hut	Q = Qualle	Z = Zelt
I = Igel	R = Rose	

Übung

- Damit das Wort Hai mit „a" geschrieben wird, sieht der Schüler in Gedanken, wie ein Hai Auto fährt.
- Damit das Wort Bad mit „d" geschrieben wird, sieht der Schüler in der Badewanne in Gedanken einen lustigen Drachen sitzen.
- Damit das Wort Klavier mit „v" geschrieben wird, steht in Gedanken auf dem Klavier eine große bunte Vase.

Tipp für Ihre Schüler

Vertreibe den Fehlerteufel mit Fantasie: Du hast dir zu jedem Buchstaben des Alphabetes ein Bild vorgestellt. Wenn du demnächst unsicher bist, wie ein Wort geschrieben wird, dann stell dir vor, du schreibst das Wort ganz groß an eine Tafel und statt des schwierigen Buchstabens malst du das entsprechende Bild. Wenn du das ganz deutlich sehen kannst, wirst du nie wieder vergessen, wie du dieses Wort schreiben musst. Beispiel Schokolade mit „k" wie Klavier. In deiner Fantasie sind die weißen Tasten des Klaviers total mit Schokolade beschmiert.

80

Auch für das Lernen schwieriger Vokabeln oder das Behalten von Fremdwörtern sind Fantasie und Kreativität gefragt. Sprechen Sie englische Vokabeln einmal deutsch aus und stellen Sie dazu eine Gedankenverbindung her. Dann verbinden Sie dieses Bild mit der Bedeutung der Vokabel:

- Ziegel – brick

Ein Haus wird nicht aus roten Ziegelsteinen, sondern aus schwarzen Briketts gebaut.

- Trödler – broker

Der Trödler verkauft zerbrochene Sachen.

- Herde – flock – Flocke (Schneeflocke)

Eine Schafherde ist an einen riesigen Pflock gebunden und große Schneeflocken decken die Schafe zu.

- Blitz – flash – Flasche

Die große Werbeflasche auf einem Firmendach wird vom Blitz getroffen und zerbricht in tausend Scherben.

Tipp für Ihre Schüler

Lerne Vokabeln in kleinen Portionen: Was glaubst du, wie lange du brauchst, um dir dreißig Vokabeln zu merken, wenn du fünfzehn Vokabeln in zehn Minuten lernst? Die doppelte Zeit meinst du? Nein, du brauchst die dreifache bis vierfache Zeit. Probiere es mal aus. Das bedeutet, teile dir deinen Lernstoff in kleine Portionen ein, dann dauert es nicht so lange und du hast mehr Zeit für andere Dinge.

81

Es genügt nicht nur, zu wissen, man muss das Wissen auch zur rechten Zeit richtig darstellen können, und genau da liegt das Problem. Kinder leben immer mehr in einer Zeit der Sprachlosigkeit. Sie sitzen still vor dem Computer oder vor dem Fernseher, sie lesen kaum, sie haben immer weniger Gelegenheit, mit den Eltern oder Großeltern intensive

Gespräche zu führen, ihnen etwas zu erzählen oder etwas erzählt zu bekommen. In der Schule haben sie dann mündlich wie schriftlich Schwierigkeiten sich auszudrücken. Sie melden sich wenig oder reden nur in bruchstückhaften Sätzen. Als Lehrer merkt man bereits in den ersten Stunden, in welchen Familien viel oder wenig kommuniziert wird.

Wortspiele können helfen, den Wortschatz zu erweitern, verbessern die Sprachgewandtheit und Kommunikation und aktivieren nicht nur die linke Hirnhälfte (Sprachzentrum). Bei kreativen und lustigen Wortneuschöpfungen und Satzbildungen wird auch die rechte Hirnhälfte mobilisiert. Gerade heute, da der Computer und das Fernsehen die sprachliche Kommunikation der Menschen immer mehr einschränken, nimmt die Bedeutung von Wortspielen und

❯Tipp 59 Kommunikationsübungen stetig zu (Tipp 59).

Übungen

Erhöhen Sie die Sprachgewandtheit Ihrer Schüler, vermehren Sie den vorhandenen Wortschatz – auf spielerische Weise.

A bis Z-Wortspiele

Diese A bis Z-Wortspiele können als Zeitspiele gleichzeitig die Konzentration fördern.

1. Lassen Sie Ihre Schüler zu allen Buchstaben (außer X und Y) des Alphabetes jeweils einen entsprechenden Begriff finden:
- Alles, was Räder hat von A bis Z.
- Alles, was kleiner ist als eine Hand von A bis Z.
- Alles, was weich ist von A bis Z.
- Alles, was größer ist als ein LKW von A bis Z .
- Alles, was man essen und trinken kann von A bis Z.

2. Lassen Sie Wörter suchen, die mit einem bestimmten Buchstaben anfangen oder enden.
- Wörter mit „G" : Garten, Glück, ...
- Wörter mit „k" am Ende: Musik, Kiosk, …

3. Lassen Sie Wörter suchen, in denen eine Tätigkeit vorkommt und die wie ein Beruf klingen.

≡ Eierschneider, Wäschetrockner, Wolkenkratzer, Tortenheber, Korkenzieher, ...

4. Lassen Sie Wörterketten zu verschiedenen Themen bilden, z. B. eine Wörterkette mit Tieren. Mit dem letzten Buchstaben eines Tiernamens beginnt der nächste Tiername.

≡ Affe – Esel – Lama – Antilope …

Andere Themen für Wörterketten: Spielzeug, Städte, Länder, Pflanzen, Filmhelden, Filmtitel, Songtitel, Lebensmittel, Fremdwörter, ...

5. Lassen Sie Wörterketten mit zusammengesetzten Wörtern bilden.

≡ Hausmeister – Meisterkoch – Kochlöffel – Löffelstiel – Stielpfanne, …

Tipp für Ihre Schüler

Vermehre deinen Wortschatz, damit du dich jederzeit klar und deutlich ausdrücken kannst, indem du

≡ viel liest,

≡ oft in Texten nach versteckten Wörtern suchst,

≡ oft Teekesselraten spielst,

≡ dir oft Wörter mit bestimmten Buchstaben ausdenkst.

WORTSPIELE MACHEN KREATIV

82

Wortspiele erweitern nicht nur den Wortschatz, sondern können auch Fantasie und Kreativität anregen. Sie aktivieren das Gehirn und verbessern die Leistungsfähigkeit.

Übungen

Lustige Namenssätze

Bitten Sie die Schüler zunächst ein paar Namen mit drei, vier oder fünf Buchstaben aufzuschreiben. Anschließend sollen sie daraus einen Satz bilden, bei dem jedes Wort mit einem Buchstaben des Namens beginnt. Beispiel: LUKAS – Lustige Ufos kommen am Sonntag.

Nordseeinseln

Kennen Ihre Schüler die Namen der Ostfriesischen Inseln und können sie diese auch in der richtigen Reihenfolge aufsagen? Mit dem folgenden Satz kann man sie sich ganz leicht merken: „Bären jagen nachts brummige Löwen, Spinnen und Wanzen." Die Anfangsbuchstaben dieser Wörter sind gleichzeitig die Anfangsbuchstaben der Inseln von Westen nach Osten: Borkum, Juist, Norderney, Baltrum, Langeoog, Spiekeroog und Wangerooge.

Satzkette

Fordern Sie die Schüler auf, Sätze zu bilden, bei denen jedes weitere Wort mit dem nächsten Buchstaben des Alphabetes beginnt. Beispiel: Am Badestrand Casablanca darf Erika für Gaby hundert indigoblaue, japanische, komische Luftballons mit Nylonfäden oder Paketbändern quirlig richtig schnüren.

Drillinge

Die Schüler sollen Sätze bilden, in denen jeweils drei bestimmte Wörter vorkommen. Beispiel: Würfel – Mond – Wasser. Im Wasser spiegelt sich der Mond, während Anna einen Würfel wirft.

Sieben auf einen Streich

Hier sind die Schüler gefordert, kleine Geschichten zu erfinden, in denen jeweils sieben bestimmte Wörter vorkommen, wie z. B.:

- Tante – Pfanne – Mausefalle – Polizist – Hut – Kätzchen – Omnibus.
- Sonnenbrille – Zauberstab – Waschbecken – Pantoffeln – Clown – Kaktus – Badeschaum.
- Kartoffelbrei – Buntpapier – Gewitterwolken – Banane – Pullover – Kiosk – Ball.

83

Je anschaulicher Sprache ist, desto verständlicher und lernverstärkender wirkt sie.

Übung

Bitten Sie Ihre Schüler, die folgenden Sätze durch vergleichende Beispiele aus ihrem Alltag zu ergänzen:

- Der Junge war so dünn wie …
- Das Kleid war so bunt wie …
- Das Geräusch ist so laut wie …
- Das Buch ist so schwer wie …
- Die Straße ist so breit wie …
- Die Hose ist so eng wie …
- Das Messer ist so scharf wie …
- Das Kissen ist so weich wie …
- Ein Bett mit Krümeln ist wie ...
- Ein Kamel mit Handy ist wie ...
- Ein Topf ohne Deckel ist wie …

Tipp für Ihre Schüler

Je öfter du Geschichten und Romane liest, desto größer wird dein Wortschatz und desto besser kannst du dich in einer bildhaften Sprache auszudrücken. Du stärkst dein Sprachvermögen, deine Kommunikationsfähigkeit und dein Gedächtnis.

84

Aufgrund des veränderten Leseverhaltens lässt natürlich auch die Rechtschreibung bei vielen Schülern zu wünschen übrig. Die intensive Nutzung des Handys, das Kommunizieren mithilfe von Abkürzungen und Satzbruchstücken verstärkt diesen negativen Trend zusätzlich. In der Schule wird immer weniger mit der Hand geschrieben, da es aufgrund mangelnder Übung zu lange dauert, die Schrift zum

Teil unleserlich und die Rechtschreibung oft katastrophal ist. Die Folge: Schrift und Rechtschreibung verschlechtern sich immer mehr (Tipp 47, 58).

❭Tipp 47, 58

Je öfter Wortspiele im Unterricht oder als Hausaufgabe zum Einsatz kommen, desto mehr wird der Wortschatz erweitert und gleichzeitig die Rechtschreibung verbessert (Tipp 81, 82). Besonders geeignet sind dazu Schnelligkeitsspiele, bei denen bestimmte Buchstaben unterstrichen werden müssen und Versteckspiele, bei denen bestimmte Buchstabenfolgen in Wörtern und Sätzen gesucht werden bzw. Wörter gefunden werden sollen, in denen andere Wörter versteckt sind. Wenn Sie z. B. Wörter suchen, in denen „sie" versteckt ist, können sich die Schüler leicht merken, dass diese Wörter mit „ie" geschrieben werden.

❭Tipp 81, 82

Übungen

Versteckspiele

Es werden Wörter gesucht, in denen „ab" versteckt ist. Beispiele: Rabe, Knabe, Wabe, Schnabel, Fabel, Kabel, Trab, Grab, …

Weitere versteckte Wörter, nach denen gesucht werden kann: „ich" – „du" – „er" – „sie" – „die" – „eis" – „oma" – „opa" – „ast" – „anne" – „tier" – „alb" – „ecke".

Christa in Sachsen isst Croissants

Bitten Sie Ihre Schüler, den nachstehenden Textabschnitt wie folgt zu bearbeiten:

1. Zähle und unterstreiche so schnell wie möglich alle Wörter, die mit „Ch" beginnen in Rot.

2. Zähle und unterstreiche so schnell wie möglich alle Wörter, die ein „ch" enthalten in Orange.

3. Zähle und unterstreiche so schnell wie möglich alle Wörter, die nur mit „C" beginnen in Grün.

Christa, Sachsen, Cafe, Camenbert, Chronik, Achse, Camping, Echse, Chor, Chrom, Dachs, Wachs, Curry, Creme, Cousin, Fuchs, Christ, Cowboy, Couch, Lachs, Chlorophyll, Cholera, Chamäleon, Wechsel, Ochse, Computer, Charakter, Chrysanthemen, Clown, Clou, Clique, Cornflakes.

Yoga und Pyramiden

Fordern Sie die Schüler auf, im folgenden Text bestimmte
Wörter zu zählen:

1. Zähle so schnell wie möglich alle Wörter, bei denen das
„y" an zweiter Stelle steht.

2. Zähle so schnell wie möglich alle Wörter, die mit „y"
enden.

Baby, Rowdy, Pyjama, Typ, Lady, Zylinder, Cowboy, Hygiene,
Foyer, Thymian, Sympathie, Gymnasium, Symbol, Dyna-
mo, Idyll, Hypnose, Synthese, Rhythmus, Hydraulik, Ky-
bernetik, Symmetrie, Zyklus, Yoga, Pyramide, Hyazinthe,
Lymphe, Hymne, Gymnastik, Chrysanthemen, Dynastie.

Tipp für Ihre Schüler

Wenn du nicht jedes Mal neu überlegen willst, wie ein Wort
geschrieben wird, gibt es eine Möglichkeit, sich die Rechtschreibung eines Wortes zu merken, indem du ein Dichter
wirst und lustige Reime mit den Wörtern erfindest, deren
Schreibweise du dir nur schwer merken kannst.

WORTSPIELE LÖSEN PROBLEME

85

Wortspiele aktivieren verstärkt die linke Hirnhälfte und das
logische Denken, fördern jedoch auch Kreativität und Problemlösungsfähigkeit (Tipp 46).

❯ Tipp 46

Übung

Vielleicht kennen Sie selbst ein paar Wortspiele, die logisches Denken und Kreativität bei Ihren Schülern trainieren?
Wenn nicht, finden Sie im Folgenden ein paar Beispiele:

Mail mit Maus

„Stell dir vor, du willst deinem Freund oder deiner Freundin
eine Mail schicken, in der in möglichst allen Wörtern mindestens zwei Buchstaben der M A U S in beliebiger Reihenfolge enthalten sind. Beispiel: *Max sucht auch Mai*käfer."

Witziger Satz

„Denke dir einen möglichst witzigen Satz aus, in dem möglichst viele Wörter mit ‚g' beginnen, ja die Hauptwörter sogar nur mit ‚Gl' wie Glück oder ‚Ge' wie Geld."

Ohne Helm angeln

„Erfinde lustige oder verrückte Sätze oder Werbesprüche, bei denen die Wörter mit den Buchstaben von Autokennzeichen anfangen. Die Stadt Osterode im Harz hat das Kennzeichen OHA. Das könnte bedeuten: *Ohne Helm angeln.*"

MITHILFE VON BILDERN KOMMUNIZIEREN

86

Viele Schüler sind heute „sprachlos"; sie sitzen vor dem Fernseher oder vor dem Computer, die Eltern sind oft wenig ansprechbar. Die häusliche Kommunikation sinkt oft auf ein Minimum. Wenn die Kinder in die Schule kommen, wird dort geredet und geredet, und sie verstehen nicht, was da eigentlich vorgeht. Sie fühlen sich hilflos und nicht wohl. Als Lehrer empfindet man diese Schüler oft als unmotiviert, lustlos oder gar aggressiv.

Holen Sie die Kinder dort ab, wo sie stehen, geben Sie ihnen Bilder und bieten Sie Aktionen; beziehen Sie den ganzen Körper in den Lernprozess mit ein (Tipp 87, 88).

❯ Tipp 87, 88

Übungen
Drudelzeichnungen

Die Schüler stellen sich im Kreis auf. In der Mitte des Kreises liegen auf dem Boden Drudelzeichnungen. Nacheinander nimmt jeder Schüler ein Drudel, beschreibt, was er sieht und gibt das Bild weiter. Der nächste Schüler sagt, was er in dem Drudel sieht usw.

Geschichten erfinden

▬ Jeder Schüler bekommt ein Bild mit einem Tintenklecks. Der erste Schüler zeigt seinen Tintenklecks und beginnt, eine Geschichte, in dem dieser Klecks eine Rolle spielt.

- Die Schüler stellen sich im Kreis auf. In der Mitte des Kreises liegen auf dem Boden Zettel mit Wörtern. Ein Schüler nimmt einen Zettel und beginnt mit dem Wort eine Geschichte. Der Schüler, der die Geschichte jeweils fortsetzen will, nimmt ein weiteres Wort.

Tipp für Ihre Schüler

Schreibe jeden Tag drei schwierige Vokabeln, Fremdwörter oder Wörter aus dem Lexikon, die dir bisher unbekannt waren, mit beiden Händen gleichzeitig. So verbesserst du nicht nur deine Konzentration, dein Gedächtnis und dein Wissen, sondern sorgst dafür, dass dein Gehirn immer schneller und besser arbeitet (Tipp 31, 92).

❯ Tipp 31, 92

BEWEGUNG IST EIN GRUNDBEDÜRFNIS!

87

„Wer sich bewegt, dem fällt das Denken leichter!"
Jeder weiß, dass zu wenig Bewegung schlecht für den Körper ist. Der Zusammenhang zwischen Bewegungsmangel und Lernproblemen wird jedoch erst auf den zweiten Blick deutlich. Ein gut funktionierendes Gehirn ist unter anderem von einer optimalen Blutzirkulation abhängig, und diese wird dann erreicht, wenn der Kreislauf in Ordnung ist. Allein der Übergang von der körperlichen Ruhe zur körperlichen Bewegung steigert die Geschwindigkeit der Informationsverarbeitung.

Kreislauf stabil halten

Damit Schüler leichter und effektiver lernen, ist es also wichtig, sie anzuregen, sooft wie möglich Sport zu treiben und sich während des Lernens und in Lernpausen zu bewegen (Tipp 88–97).

❯ Tipp 88–97

Achtung!

Körperliche Folgen des Bewegungsmangels sind:
- Herz- und Kreislauferkrankungen,
- Übergewicht,
- Muskelschwäche,

> ▬ Steifheit,
> ▬ Koordinationsstörungen,
> ▬ Haltungs- und Rückenprobleme,
> ▬ mangelnder Stressabbau,
> ▬ Störungen des vegetativen Systems (psychosomatische Erkrankungen),
> ▬ Möglichkeit von Depressivität oder Aggressivität,
> ▬ Vergrößerung des Unfallrisikos im Alltag.

Bewegungseinheiten integrieren

Lehrer erfahren täglich, dass Kinder nur begrenzt stillsitzen können, und die Ermahnungen, doch endlich mit dem Rumzappeln, dem Umdrehen zum Nachbarn, dem Hinlümmeln aufzuhören, nehmen immer mehr zu. Am Montag oder nach Feiertagen ist es besonders schlimm mit den Störungen und der „Wuseligkeit". Dann scheinen die Schüler den Bewegungsmangel vom Wochenende (Fernsehen, Computerspiele, ...) irgendwie ausgleichen zu wollen. Trotz dieser Erfahrungen dauert eine Unterrichtsstunde weiterhin meistens fünfundvierzig Minuten und wird immer noch selten durch Bewegungseinheiten oder integrierte Bewegung aufgelockert.

Obwohl schon lange bekannt ist, dass Kinder genauso wie Erwachsene am besten lernen, wenn möglichst viele Sinne aktiviert werden und wenn sie handelnd lernen – *Learning by doing* –, wird der Unterricht immer noch vielfach vom Stillsitzen beherrscht. Wenn ein Kind im Kindergartenalter selbst erfundene Geschichten „schreibt" (wohl eher kritzelt), sich also bewegt, während es Wörter und Sätze bildet, entwickelt sich sein Sprachvermögen intensiv weiter! Wenn ein Schüler sich im Unterricht bewegt, indem er mit dem Radiergummi oder seinen Fingern spielt, will er nicht den Lehrer ärgern, sondern versucht meistens unbewusst, einen besseren Zugang zu seinem Wortschatz und mehr Konzentrationsfähigkeit zu erlangen.

Auch beim Zuhören unterstützt Bewegung, indem man sich z. B. Notizen macht oder „Männchen" malt, Aufmerksamkeit und Konzentration.

Übungen

Probieren Sie mit Ihren Schülern einmal folgende Bewegungsübungen aus:

Äpfel pflücken

„Stellt euch auf Zehenspitzen und versucht, Äpfel von einem hohen Zweig zu pflücken. Die Äpfel sind so hoch, dass ihr kaum herankommt. Legt die Äpfel in einen Fantasiekorb und streckt euch nach weiteren Äpfeln."

Umarmung

„Legt einen Arm um euren Hals, so als wolltet ihr euch selbst umarmen. Drückt nun mit der anderen Hand den Ellbogen langsam und vorsichtig weiter nach hinten. Zählt bis drei und lasst los. Wiederholt die Übung zur anderen Seite."

Fersenstand

„Stellt euch gerade hin. Eure Füße stehen etwa beckenbreit auseinander. Die Hände liegen waagerecht auf den Schultern. Nun wechselt schell zwischen Zehenstand und Fersenstand."

Tipp für Ihre Schüler

- Wenn du einem Lehrer oder einem Schülerreferat zuhörst, bewege dich unauffällig und ohne dass du den Unterricht störst. Mache z. B. kleine Fingerspiele oder bewege deine Füße ein wenig.
- Gehe beim Vokabellernen in deinem Zimmer auf und ab, laufe auf der Stelle, usw.
- Lerne z. B. Biologie oder Geschichte mit dem MP3-Player beim Spaziergang.
- Auch Ideensammeln für einen Aufsatz oder ein Referat klappt mit Bewegung besser. Stecke ein kleines Diktiergerät ein oder nimm dein Handy mit; so kannst du alle guten Gedanken speichern und keine Idee geht verloren.

LEISTUNG DURCH BEWEGUNG STEIGERN

88

❯ Tipp 32

Während des Unterrichts sind kurze Bewegungsübungen sinnvoll, da Konzentration und Leistungsbereitschaft durch den Wechsel von passivem Aufnehmen des Lernstoffes und aktivem Handeln gesteigert werden (Tipp 32).

Ein bewegender Unterricht, in dem Konzentration und Lernfähigkeit der Schüler durch kleine Bewegungseinheiten gefördert werden, hilft, dass sowohl Schüler mit einem Bewegungsdrang, die hyperaktive, übererregbare Symptome aufweisen, als auch schläfrige Schüler, die sich schon innerlich vom Unterricht verabschiedet haben, auf ein mittleres Aktivierungsniveau gebracht werden.

Hauptgründe für mehr Bewegung im Unterricht:

1. Die Bewegung des Körpers fördert die Bewegung des Geistes.
2. Der Übergang von der körperlichen Ruhe zur körperlichen Bewegung steigert die Geschwindigkeit der Informationsverarbeitung.
3. Gesundheitsförderung durch gezielte haltungsstärkende Bewegungsübungen (Tipp 89).

❯ Tipp 89

4. Ausgleich einseitiger Belastungen.
5. Stressabbau und Verminderung von Denkblockaden durch die Senkung des Adrenalinspiegels (Tipp 93).

❯ Tipp 93

6. Mehr Motivation und Lernlust.
7. Unterstützung der Aufmerksamkeit, der Wahrnehmung, der Konzentration und der Merkfähigkeit durch Entspannungsübungen (Tipp 40, 94) und gezielte konzentrationsfördernde Bewegungsübungen.

❯ Tipp 40, 94

8. Verbesserung des Kurzzeitgedächtnisses.
9. Verbesserung der Durchblutung des Gehirns und eine bessere Sauerstoff- und Glukoseversorgung führen zu größerer Leistungsfähigkeit.
10. Stärkung und Zusammenarbeit beider Hirnhälften.
11. Aggressionsabbau und Verringerung der Gewaltbereitschaft.
12. Förderung eines positiven Klassenklimas.

13. Lernunterstützung besonders für den kinästhetischen Lerntyp (Tipp 12, 13)

》 Tipp 12, 13

14. Bewegung unterstützt die Unterrichtsqualität und die pädagogische Arbeit, obwohl scheinbar Zeit verloren geht.

Übung

Bewegungsmöglichkeiten im Unterricht

- Schüler werden während des Unterrichts mehrfach aufgefordert, ihre Sitzhaltung zu verändern. Sie setzen sich schnell falsch herum auf ihren Stuhl und dann wieder richtig hin. Sie sitzen abwechselnd auf der linken und der rechten Pobacke usw. (Tipp 91).

》 Tipp 91

- Schüler stehen auf, wenn sie etwas sagen oder etwas vorlesen.
- Schüler kommen an die Tafel, um Begriffe/Lösungen anzuschreiben.
- Arbeitsblätter liegen auf dem Pult und werden nicht verteilt, sondern geholt.
- Schüler werden zwischendurch aufgefordert, mit den Füßen zu wippen oder mit den Fingern zu trommeln.
- Schüler schreiben mit beiden Händen gleichzeitig wichtige Begriffe in die Luft (Tipp 92).

》 Tipp 92

- Schüler schreiben mit beiden Händen gleichzeitig wichtige Begriffe ins Heft.
- Schüler gähnen sich fit (Tipp 24).

》 Tipp 24

- Schüler recken und strecken sich.
- Schüler lehnen sich auf dem Stuhl so weit wie möglich nach hinten und falten dabei die Hände im Nacken.
- Schüler stellen sich kurz hin, fassen mit den Händen ihren Po (Ellbogen zeigen so weit wie möglich nach hinten) und lehnen sich zurück.
- Schüler stellen sich gerade hin, schließen die Augen und halten mit der linken Hand den Hinterkopf, während die Fingerspitzen der rechten Hand die Stirn berühren und dabei tief ein- und ausgeatmet wird.
- Schüler schaukeln im Sitzen.
- Schüler lassen das Becken öfter auf der Sitzfläche kreisen.

- Schüler laufen auf der Stelle.
- Schüler balancieren einen Stift oder ein Lineal – auch mit geschlossenen Augen.
- Schüler stellen sich hin und setzen sich dreißig bis sechzig Sekunden auf einen imaginären Stuhl.
- Schüler stehen auf und wechseln zwischen Zehen- und Fersenstand.
- Schüler bekommen die Möglichkeit zu Mini-Entspannungsübungen.

Tipp für Ihre Schüler

Wenn du jemand bist, der viel Bewegung braucht, auch beim Lernen, sollte in deinem Heft weniger Text auf einer Seite stehen, damit du öfter umblättern kannst.

89 FÜR EINEN GESUNDEN RÜCKEN SORGEN

Mehr als achtzig Prozent der Menschen in Deutschland haben zeitweise Probleme mit dem Rücken. Fünfundachtzig Prozent aller Schüler in Deutschland haben Haltungsprobleme und ein großer Teil bereits Rückenschmerzen. Aufgrund der beträchtlichen Rückenprobleme vieler Schüler und des großen Anteils falschen Mobiliars, ist vor allem der gesundheitliche Aspekt von Bewegung im Unterricht zu be-

❯Tipp 87, 88

rücksichtigen (Tipp 87, 88).

Haltungs- und rückenstärkende Bewegung beinhaltet:
- dynamisches Sitzen: Wiederholtes Wechseln der einge-

❯Tipp 91

nommenen Arbeitshaltung (Tipp 91),
- allgemeine Dehnungs- und Kräftigungsübungen,
- spezielle Übungen zur Stärkung der Nackenmuskulatur,
- spezielle Rückenübungen.

Übungen

Um die Bewegung der Schüler im Unterricht zu fördern und gleichzeitig den Rücken zu stärken, können Sie folgende Übungen in den Unterricht integrieren:

Aufrecht

Geben Sie den Schülern folgende Aufgabenstellung: „Setzt euch aufrecht auf einen Stuhl und stützt die Hände seitlich in die Taille. Die Füße stehen fest auf dem Boden. Drückt jetzt die Ellbogen nach hinten und atmet ruhig und tief ein. Lasst euch entspannt nach vorn fallen und atmet aus. Wiederholt die Übung dreimal."

Achselzucken

„Stellt euch gerade hin, haltet den Kopf waagerecht und schaut geradeaus. Nun zieht zunächst zehnmal gleichzeitig beide Schultern hoch. Anschließend zuckt ihr die Achseln zehnmal im Wechsel einmal links und einmal rechts. Schüttelt die Arme kräftig aus und setzt euch danach wieder auf euren Platz."

Baum

Zur Ausführung dieser Übung geben Sie den Schülern folgende Anweisungen: „Stellt euch gerade hin und streckt die Hände zur Decke. Legt die Handinnenflächen aneinander und versucht eure Arme und Hände möglichst weit nach oben zu ziehen. Nun hebt das linke Bein und legt den linken Fuß auf das rechte Knie oder seitlich an den rechten Oberschenkel. Atmet fünfmal tief ein und aus. Wiederholt die Übung mit dem rechten Fuß."

SITZEN VERSTÄRKT LERNPROBLEME

90

Schüler verbringen im Schnitt mehr als zehn Stunden am Tag im Sitzen, obwohl Ärzte schon lange darauf hinweisen, dass die Folgen des stundenlangen Sitzens sowohl den Körper als auch die geistige Leistungsfähigkeit negativ beeinflussen. So muss man als Lehrer feststellen, dass Schüler auch aufgrund des langen Sitzens, selbst wenn sie gut motiviert wurden, oft nicht in der Lage sind, sich zu konzentrieren und den Lernstoff optimal aufzunehmen (Tipp 89, 91).

❯ Tipp 89, 91

Achtung!

Zu häufiges, zu langes, zu passives und zu statisches Sitzen hat Folgen:

- Sitzen fördert Unaufmerksamkeit.
- Sitzen nimmt auf Dauer die Lust am Lernen.
- Sitzen fördert Aggressionen.
- Sitzen leistet Unterrichtsstörungen Vorschub.
- Sitzen fördert Ablenkung vom Unterricht.
- Sitzen vermindert die Leistungsfähigkeit.
- Sitzen vermindert die Atemfunktion.
- Sitzen vermindert Sauerstoffversorgung des Gehirns.
- Sitzen beeinflusst die Blutzirkulation negativ.
- Sitzen führt zu einer Belastung der inneren Organe.
- Sitzen führt zur Austrocknung der Bandscheiben.
- Sitzen führt zur Einschränkung der Beweglichkeit der Gelenke.
- Sitzen führt zur Abnahme der Knochendichte.
- Sitzen führt zu einer starken Belastung der Wirbelsäule.

Im Gegensatz zu heute, waren Schüler früher viel eher in der Lage, diszipliniert zu sitzen, weil sie in ihrer Freizeit ausreichend Bewegung hatten. Sie kletterten auf Bäume und verbrachten Stunden mit Hüpfspielen, Ballspielen, Versteckspielen usw. Im Unterricht unserer Eltern und Großeltern gab es noch viel mehr Bewegung: Jede Unterrichtsstunde begann mit dem Aufstehen der Schüler, wenn der Lehrer hereinkam. Wollte der Schüler eine Frage beantworten, ein Gedicht aufsagen oder eine Aufgabe lösen, so stand er zunächst einmal auf.

Übungen

Sitzhaltung verändern

Bringen Sie wieder Bewegung in den Unterricht! Probieren Sie einmal folgende Übungen mit Ihren Schülern aus und setzen Sie die beliebtesten regelmäßig ein.

Einseitig sitzen

„Setzt euch auf die rechte Seite des Stuhls, so dass der linke Fuß fest auf dem Boden steht, während der rechte Fuß seitlich vom Stuhl steht. Der Rücken ist gerade, der Kopf leicht nach vorn gebeugt. Nun nehmt ihr den rechten Fuß in die Hand und zieht ihn in Richtung Po. Versucht das Knie langsam nach hinten zu bewegen."

Daneben sitzen

„Setzt euch zunächst weit nach vorn auf euren Stuhl und haltet euch mit beiden Händen an der vorderen Stuhlkante fest. Rutscht mit eurem Po von der Sitzfläche und zählt bis fünf. Atmet dabei ruhig und gleichmäßig. Achtet darauf, dass der Rücken gerade ist. Nun setzt euch wieder normal auf den Stuhl und entspannt euch!"

Seitlich sitzen

„Stellt euren Stuhl so hin, dass die Lehne nicht hinten, sondern an der Seite ist. Jetzt setzt ihr euch so, dass die Lehne eure linke Seite berührt. Fasst nun mit beiden Händen die Stuhllehne und dreht euren Kopf langsam nach hinten und wieder zurück. Atmet dabei ruhig und gleichmäßig."

Tipp für Ihre Schüler

Stehe – wenn du am Schreibtisch sitzt – zwischendurch häufiger auf, öffne das Fenster, mache ein paar Kniebeugen oder Liegestütze. Dann wird dein Gehirn gut durchblutet, bekommt Sauerstoff und ist wieder topfit (Tipp 87).

❭ Tipp 87

DYNAMISCH SITZEN

91

Da die Schüler in der Schule täglich viele Stunden sitzend lernen müssen und die negativen Folgen außer Frage stehen, wird es für den Lehrer immer wichtiger, dafür zu sorgen, die Belastung des Sitzens auf ein Minimum zu reduzieren (Tipp 89, 90). Der erste Schritt in diese Richtung ist, die Wahrnehmung der Schüler auf ihre Sitzhaltung zu lenken und ihnen ihre falschen Sitzpositionen bewusst zu machen. Unter der Formulierung „dynamisches Sitzen" versteht man den wiederholten Wechsel der eingenommenen Arbeitshal-

❭ Tipp 89, 90

tung. Veränderte Sitzpositionen gelten nicht als Störung, sondern als Mittel zur Steigerung von Konzentration und Lernfähigkeit. Sitzunterbrechungen sollten dazu von Ihnen bewusst in den Unterricht integriert werden (Tipp 88). Der Unterricht im Stillsitzen wird zunehmend reduziert, indem ein Wechsel von geistiger und körperlicher Aktivität geplant wird und neue Lehr- und Lernformen immer mehr Raum gewinnen. Ein Unterricht, der handlungs- und projektorientiert ist und von einem Methoden- und Medienwechsel bestimmt wird, sorgt automatisch für einen Wechsel von Ruhe und Bewegung und reduziert die Zeit des Stillsitzens (Tipp 32).

❯ Tipp 88

❯ Tipp 32

Um die Ecke gedacht

Wenn die Finanzen es zulassen, sollten Sitzkeile und/oder Sitzbälle sowie Stehpulte angeschafft werden. Altersgerechtes und haltungsgerechtes Schulmobiliar sollte eine Selbstverständlichkeit sein.

Achtung!

Achten Sie immer darauf, selbst eine korrekte Haltung einzunehmen und gezielt die richtige Sitzhaltung vorzumachen. Damit vermitteln Sie den Schülern aktiv die Bedeutung des dynamischen Sitzens. Daneben sollten Sie versuchen, so oft wie möglich haltungsstärkende Bewegungsübungen in den Unterricht zu integrieren.

ZUSAMMENSPIEL DER HIRNHÄLFTEN FÖRDERN

92

Je intensiver das Zusammenspiel der linken und der rechten Gehirnhälfte ist, desto besser sind Konzentration, Merkfähigkeit und Problemlösungsfähigkeit. Gehirngerechte Übungen fördern die optimale Leistungsfähigkeit der rechten und der linken Hirnhälfte, sowie die stärkere Zusammenarbeit der Hirnhälften. Gleichzeitige Bewegungen mit

der linken und der rechten Hand oder z. B. mit der linken
Hand und dem rechten Fuß (Gegenbewegungen), bewirken
die Verstärkung des sogenannten Balkens, der Verbindung
zwischen den beiden Gehirnhälften. Ebenso wirken Überkreuzbewegungen, wenn man z. B. die linke Hand zum
rechten Fuß führt. Dadurch wird der Informationsfluss zwischen den Hirnhälften schneller und effektiver. Bewegungen, speziell mit der linken Körperseite, aktivieren die – bei
Rechtshändern oft vernachlässigte – rechte Hirnhälfte, da
die Nervenbahnen vom Kopf zum Körper sich im Nacken
überkreuzen und vom Gehirn jeweils die gegenüberliegen-
de Körperseite gesteuert wird. Die Aufgabenverteilung in
den beiden Hirnhälften und die Dominanz einer der Hälften
zeigen, wie notwendig die entsprechenden Übungen sind,
um die Gesamtleistung des Gehirns zu erhöhen (Tipp 50).

❯ Tipp 50

Übungen

Zu den gehirngerechten Bewegungen gehören:
- Bewegungen mit der linken Körperseite,
- Gegenbewegungen: gleichzeitig das linke Bein und den
  rechten Arm heben,
- Überkreuzbewegungen: z. B. linke Hand zum rechten
  Knie führen und umgekehrt.

Gehirngerechte
Bewegungen

Luftschrift mit Links

Fordern Sie die Schüler auf, mit der linken Hand (Rechtshänder) ihren Namen und ihre Adressen in Schreibschrift
in die Luft zu schreiben.

Beidhändig malen

Fordern Sie die Schüler auf, sich hinzustellen und mit beiden Händen gleichzeitig eine Sonne, ein Haus, einen Baum,
usw. in die Luft zu malen.

Wechselspiel

Die Schüler sollten für diese Aufgabe stehen und im Wechsel das linke und rechte Bein gestreckt heben so hoch es
geht, während sie mit dem gestreckten Arm der gegenüber-
liegende Körperseite das erhobene Knie berühren.

Überkreuzschwingung im Stehen

Geben Sie den Schülern folgende Anweisungen: „Stellt euch vor, ihr hört gerade euren Lieblingssänger. Schwingt eure Arme im Rhythmus der Musik überkreuz und zwar abwechselnd vor und hinter dem Körper. Gleichzeitig überkreuzt ihr eure Beine einmal links vor rechts und rechts vor links."

BEWEGUNG HILFT BEI DENKBLOCKADEN

93

„Jedes Lernen ist ein biologischer Prozess, bei dem körperliche, psychische und geistige Vorgänge untrennbar miteinander verbunden sind."
(*Frederic Vester*)

Wenn Schüler Sport oder Gymnastik treiben, Joggen oder Fahrrad fahren, sich also auf irgendeine Weise bewegen, wird der Adrenalinspiegel gesenkt. Das bedeutet: Körper und Geist sind ausgeglichen und Schüler denken und lernen erfolgreicher. Eine Überdosis Stress hingegen reißt „Denk"- und „Gedächtnislücken". Die Angst, den Erwartungen nicht gerecht zu werden, löst Stress aus. Es kommt zwangsläufig zu Denkblockaden und Konzentrationsstörungen (Tipp 38).

❯ Tipp 38

Übungen

Sind Ihre Schüler gestressst, träge, unaufmerksam, einfach nicht bei der Sache? Dann versuchen Sie es mit diesen Bewegungsübungen.

Tafelbild

„Stellt euch vor, ihr steht vor einer Tafel und hört eure Lieblingsmusik. Nun malt im Rhythmus der Musik große und kleine Kreise, Zickzacklinien oder irgendwelche Figuren, die zu der Musik passen. Nach zwei Minuten tretet ihr in Gedanken ein paar Schritte zurück und betrachtet euer Fantasiebild."

Zähne putzen

„Stellt euch hin und setzt euch dann auf einen Fantasiestuhl. Achtet darauf, dass euer Rücken ganz gerade ist. Putzt eure Zähne jetzt in Gedanken einmal mit der rechten und einmal mit der linken Hand. Wichtig ist dabei, dass Unterarm und Oberarm auf gleicher Höhe sind."

Tipp für Ihre Schüler

Wenn du nach vorn an die Tafel gehst, um ein Referat zu halten oder etwas zu erklären und sehr nervös bist, dann nimm einen Stift mit, lass ihn unterwegs fallen und hebe ihn wieder auf. Durch diese Bewegung sinkt dein Adrenalinspiegel etwas und du wirst ein bisschen ruhiger. Atme ein- oder zweimal ganz tief durch, dann kann es losgehen (Tipp 41).

❭ Tipp 41

ANSPANNUNG SORGT FÜR ENTSPANNUNG

94

Übungen der Progressiven Muskelentspannung bringen Körper, Geist und Seele ins Gleichgewicht. Durch eine gezielte Anspannung kommt es zu Entspannung und Gelassenheit. Dies führt zur Verringerung psychosomatischer Beschwerden, zur Vermeidung von Denkblockaden und zu einer Leistungssteigerung des Gehirns (Tipp 36, 38).

❭ Tipp 36, 38

Übungen

Sich hochheben

Für diese Übung müssen sich die Schüler auf einen Stuhl setzen und beide Hände seitlich unter die Sitzfläche legen. Nun sollen sie versuchen, den Stuhl hochzuheben und dabei langsam rückwärts von fünf bis eins zählen. Dann loslassen – wieder entspannen!

Handflächen

Fordern Sie Ihre Schüler auf, ihre Handflächen vor der Brust gegeneinander zu legen und zu versuchen, zunächst mit der linken Hand die rechte Hand wegzudrücken. Dabei ist es wichtig, dass sie ruhig und gleichmäßig ein- und ausatmen. Währenddessen zählen sie in Gedanken von eins bis fünf und lassen danach wieder locker.

Tipp für Ihre Schüler

Wenn du sehr aufgeregt bist, dann stell dir vor, du hast in beiden Händen (wenn du gerade schreibst oder rechnest nur in der freien) einen kleinen Ball, drückst ihn ganz fest, zählst lautlos bis fünf und lässt dann wieder los.

BEWEGUNG STÄRKT DIE KONZENTRATION

95

Bewegungsübungen, die die Konzentration fördern, sollten möglichst schnell ausgeführt werden. Auf diese Weise stärken sie gleichzeitig Wahrnehmung, Reaktionsfähigkeit, Vorstellungskraft und Koordinationsvermögen.

Übungen

Koordination trainieren

Körperteile von A bis Z

Zunächst werden gemeinsam Körperteile von A bis Z gesucht. Bei mehreren Möglichkeiten wird sich auf ein Körperteil geeinigt. Wenn das Spiel beginnt, stehen die Schüler auf und nennen reihum einen Körperteil nach dem Alphabet. Die entsprechende Bewegung sollte so schnell wie möglich erfolgen.

- Bei A zeigt man auf den Arm,
- bei B auf den Bauch,
- bei C auf die Mitte des Kopfes (corpus callosum = „Balken" zwischen den Hirnhälften),
- bei D auf den Daumen,
- bei E auf den Ellbogen,
- bei F auf die Ferse,
- bei G auf das Gehirn (Hinterkopf),
- bei H auf den Hals,
- bei I auf die Innenseite der Hand,
- bei J auf das Jochbein der Nase,

- bei K auf das Kinn,
- bei L auf die Leber,
- bei M auf den Mund,
- bei N auf die Nieren,
- bei O auf das linke Ohrläppchen,
- bei P auf den Po (Q wird ausgelassen),
- bei R auf die Rippen,
- bei S auf die Stirn (oder das Schienbein),
- bei T auf die Taille,
- bei U auf die Unterseite des Fußes,
- bei V auf die Vorderseite der Hand (auf die Visage, auf den Vollbart),
- bei W auf die Wange (oder Wade) (X und Y werden ausgelassen),
- bei Z auf die Zehen.

Wenn die Schüler Buchstaben und Körperteile richtig zuordnen können, werden die Buchstaben nicht mehr alphabetisch genannt, sondern durcheinander. Die entsprechende Bewegung sollte so schnell wie möglich erfolgen.

Tipp für Ihre Schüler

Schreibe einem Mitschüler ein Wort in großen Druckbuchstaben auf den Rücken. Wenn der Mitschüler das Wort herausgefunden hat, schreibt er dir ein Wort auf den Rücken.

BESSER MERKEN – IN BEWEGUNG BLEIBEN I

96

Wenn ein Säugling beim Sprechen der Mutter strampelt, dann nicht nur aus Freude, sondern weil er die Laute der Mutter in spezifische Bewegungen umsetzt, um sie zu verinnerlichen. Auf diese Weise lernt ein Kleinkind schnell und sicher die Muttersprache oder sogar Fremdsprachen. In der Krabbelphase geht es dann nicht nur um die Fortbewegung, sondern um die optimale Verbindung der beiden Hirnhälften. Krabbelt ein Kind möglichst lange und intensiv, so erhöht sich die Wahrscheinlichkeit, dass der Schüler später schneller und sicherer beide Hirnhälften zusammenschalten kann, leichter die volle Kapazität des ganzen Gehirns nutzt und damit wesentlich effektiver lernt. Bemerkbar macht sich das sowohl beim Lesen und bei der Rechtschreibung als auch z. B. beim Lösen von Textaufgaben in der Mathematik. Schreibt ein Schüler ein schwieriges Wort mit

❯ Tipp 92

großen Buchstaben in die Luft (Tipp 92), so wird der Merkprozess verstärkt und zwar durch das Schreiben wie auch durch die Vorstellung der Buchstaben. Bei Bewegungsspielen mit Buchstaben und Zahlen wird das Gedächtnis also zweifach in Schwung gebracht, der Körper aktiviert und die

❯ Tipp 97

Konzentration verbessert (Tipp 97).

Achtung!

Leistungen beim Lesen und Rechnen wachsen proportional zur körperlichen Ausdauer!

Übungen

Bewegte Vokale

Reihum werden zunächst einsilbige – später immer längere – Wörter gerufen und die Vokale in Bewegung umgesetzt:

- Bei einem „a" werden die Arme ausgebreitet,
- bei einem „e" werden die Arme parallel nach vorne gestreckt,
- bei einem „i" zeigen die Hände zum „Ich", also auf die Brust,
- bei einem „o" gehen die Hände nach oben,
- bei einem „u" gehen die Hände nach unten und berühren den Boden.

Natürlich können nicht nur Vokale in Bewegung umgesetzt werden, sondern auch die übrigen Buchstaben:

- Bei einem „k" können die Schüler klatschen,
- bei einem „m" summen,
- bei einem „n" an die Nase fassen,
- bei einem „r" die Hände auf den Rücken legen,
- bei einem „l" lachen.

Gehirngerechte Bewegung mit Vokalen

Reihum werden zunächst einsilbige – später immer längere – Wörter gerufen und die Vokale in Bewegung umgesetzt.

- Bei einem „a" wird eine kleine liegende Acht in die Luft gemalt,
- bei einem „e" wird gleichzeitig der linke Arm zur linken Seite gestreckt, während der rechte Fuß kleine Kreise in die Luft zeichnet,
- bei einem „i" berührt der linke Ellbogen das rechte Knie und umgekehrt,
- bei einem „o" berührt der rechte Fuß den Po, während der linke Arm nach oben gestreckt wird,
- bei einem „u" gehen beide Hände nach unten, die linke Hand berührt die rechte Fußspitze und umgekehrt.

Fremdwörter und Vokabeln in Bewegung umsetzen

- Für bestimmte Buchstaben bestimmte Bewegungen festlegen und dann die Schreibweise eines Fremdwortes (oder einer schwierigen Vokabel) durch Bewegung deutlich machen.
- Vokabeln und Fremdwörter mit einer bestimmten Buchstabenanzahl suchen und ganz bewusst mit den Fingern die Buchstaben zählen lassen.

BESSER MERKEN – IN BEWEGUNG BLEIBEN II

97

Besonders für Schüler, die zur Mathematik nur schwer Zugang finden sowie für den kinästhetischen Lerntyp sind Bewegungsübungen mit Zahlen eine große Hilfe. Das Vorstellungsvermögen wird gefordert und damit sowohl die Basis für das Umgehen mit Zahlen und Formen, als auch für das Lösen von Textaufgaben geschaffen.

Übungen

Zahlenspiel mit links I

Zwei Schüler stellen sich gegenüber und nennen abwechselnd Zahlen zwischen eins und dreizehn.

- Bei eins wird auf den Kopf gezeigt,
- bei zwei auf die rechte Schulter,
- bei drei auf den rechten Ellbogen,
- bei vier auf die rechte Hand,
- bei fünf auf die rechten Pobacke,
- bei sechs auf den rechten Oberschenkel,
- bei sieben auf das rechte Knie,
- bei acht auf den rechten Fuß,
- bei neun auf den linken Fuß,
- bei zehn auf das linke Knie,
- bei elf auf den linken Oberschenkel,
- bei zwölf auf die linke Pobacke,
- bei dreizehn auf die linke Schulter.

Zahlenspiel mit links II

Die Schüler stellen sich hin und reagieren auf Zuruf bestimmter Zahlen zwischen eins und dreizehn mit einer entsprechenden Bewegung der linken Hand. Entweder der Lehrer ruft unterschiedliche Zahlen zwischen eins und dreizehn oder die Schüler rufen reihum eine Zahl, und alle setzen diese Zahlen möglichst schnell in Bewegung um.

Fingerrechnen

Zunächst erhält jeder Finger eine bestimmte Zahl von eins bis zehn. Der Daumen der linken Hand bekommt die Eins, der Zeigefinger die Zwei usw. bis schließlich der Daumen der rechten Hand die Zahl zehn erhält.

Nun wird möglichst schnell gerechnet: 2 + 8 oder 3 + 5 oder 7 + 10 ... Dabei sollen sich die entsprechenden Finger jeweils berühren.

Variante: Alle Schüle strecken die Hände nach vorn. Reihum sagt jeder Schüler eine Zahl zwischen eins und zehn. Alle Schüler tippen mit dem entsprechenden Finger auf den Tisch, je schneller desto besser. Es können auch gleichzeitig zwei oder drei Zahlen genannt werden.

Die Einstellung zum Lernen entscheidet über den Lerner-folg. Sätze wie „Ich kann das nicht!" führen zu Denkblocka-den und oft zu einer sich selbst erfüllenden Prophezeiung. Das Gehirn glaubt, was man ihm sagt. Wenn kleine Bewe-gungsübungen am Anfang der Stunde mit positiven Formu-lierungen verbunden werden, kann das Gehirn ganz leicht positiv programmiert werden.

Aufmerksamkeit, Konzentration und Motivation verbessern sich und die Zahl der Erfolgserlebnisse steigt (Tipp 11, 16). Vor allem vor Tests und Klassenarbeiten sollten diese Bewe-gungsübungen regelmäßig eingesetzt werden.

❯ Tipp 11, 16

Übungen

Geben Sie Ihren Schülern Sätze an die Hand, mit denen sie sich selbst motivieren und Sicherheit vermitteln können:

▬ „Ich bin topfit!"

Empfehlen Sie den Schülern, sich beim Aufsagen des Satzes aufrecht hinzustellen, bei „Ich" auf sich selbst zu zeigen, auf das Herz. Bei „bin" sollen sie mit den Händen auf ihre Ober-schenkel klopfen. Bei „top" berühren ihre Fingerspitzen den Boden, und bei „fit" streckt man sich zur Decke. Am besten sollte man diese Übung siebenmal wiederholen.

▬ „Ich bin voll konzentriert."

▬ „Ich lerne sehr erfolgreich."

▬ „Ich schaue genau hin."

▬ „Ich bin vollkommen entspannt."

▬ „Ich fühle mich pudelwohl."

▬ „Ich bin super kreativ."

▬ „Ich kann logisch denken."

▬ „Ich merke mir alles."

▬ „Ich lese mit Begeisterung."

▬ „Ich bin super motiviert."

▬ „Ich schaffe heute alles."

99

Kennen Sie Ihre Schüler? Lesen Sie sich diese Feststellungen in aller Ruhe durch und kreuzen Sie die Punkte an, die bei Ihrem Schüler X in besonderem Maße zutreffen. Notieren Sie sich die entsprechenden Nummern auf einem bereitgelegten Zettel.

1. Ihr Schüler ist sehr zappelig und braucht deshalb viel Bewegung.
2. Ihr Schüler kann nicht lange stillsitzen.
3. Ihr Schüler lernt leicht körperliche Fertigkeiten.
4. Ihr Schüler schreibt sauber und leserlich.
5. Die Handschrift Ihres Schülers ist unleserlich oder zumindest sehr schwer zu lesen.
6. Ihr Schüler berührt gerne und wird sehr gerne berührt.
7. Ihr Schüler ist sehr zurückhaltend bei körperlichem Kontakt.
8. Ihr Schüler kann Gefühle sehr gut zeigen.
9. Ihr Schüler kann seine Gefühle nicht oder nur sehr schwer in Worten ausdrücken.
10. Gefühle sind bei Ihrem Schüler nur schwer erkennbar.
11. Ihr Schüler schaltet schnell ab
    a. bei zu vielen visuellen Eindrücken (Bildern),
    b. bei zu vielen auditiven Eindrücken (Wörtern).
12. Ihr Schüler redet ständig.
13. Beim Reden bewegt Ihr Schüler oft die Hände.
14. Ihr Schüler ist sehr schüchtern, wenn es um das Reden in einer Gruppe geht.
15. Ihr Schüler erinnert sich gut an Informationen, die gesagt wurden.
16. Ihr Schüler erinnert sich gut an Informationen, die er gesehen oder gelesen hat.
17. Ihr Schüler erinnert sich gut an Situationen, die er erlebt hat oder in denen er etwas getan hat.
18. Ihr Schüler kann im Gespräch gut Augenkontakt halten.
19. Ihr Schüler vermeidet Blickkontakt.
20. Ihr Schüler gibt sehr gerne an.
21. Ihr Schüler ist oft vorlaut.

22. Wenn Ihr Schüler auf sich aufmerksam machen will, kommt es oft zu Körperkontakt. Es schubst oder schlägt auch mal.
23. Ihr Schüler jammert und klagt oft.
24. Ihr Schüler hat oft schnell schlechte Laune.
25. Wenn Ihr Schüler über einen Mitschüler oder einen Lehrer spricht, erzählt er
    a. über das Aussehen,
    b. über das, was gesagt wurde,
    c. über das, was er mit dem Mitschüler unternimmt,
    d. darüber, wie es dem Mitschüler geht.
26. Ihr Schüler fühlt sich leicht verletzt
    a. durch verletzende Worte,
    b. durch nicht gewollte Berührungen.
27. Ihr Schüler übernimmt in Gruppen gern die Führung.
28. Ihr Schüler hat einen großen Wortschatz.
29. Ihr Schüler lernt leicht beim Lesen und wenn über ein Thema diskutiert wird, wenn Argumente für und gegen eine Sache vorgetragen werden.
30. Ihr Schüler lernt Sprachen leicht, indem er die Fremdsprache hört.
31. Ihr Schüler unterbricht oft andere im Gespräch und wirkt manchmal altklug.
32. Ihr Schüler hat viele Ideen und möchte andere dafür begeistern.
33. Ihr Schüler ist oft ungeschickt bei körperlichen Handlungen.
34. Ihr Schüler ist sehr kontaktfreudig und liebt Gespräche mit anderen.
35. Ihr Schüler spricht oft leise, drückt sich aber klar aus.
36. Ihr Schüler hat oft Probleme beim Erlernen und Ausführen praktischer Tätigkeiten.
37. Ihr Schüler liest nicht gern vor und hält nicht gern Referate und Vorträge.
38. Ihr Schüler hat viele unterschiedliche Interessen.
39. Ihr Schüler lernt leicht, wenn er den Stoff anderen erklärt.
40. Ihr Schüler ist sehr fantasievoll und kreativ.

41. Ihr Schüler lernt leicht durch Beobachten und Ausprobieren.
42. Ihr Schüler ist sehr teamfähig.
43. Ihr Schüler muss sich bewegen, um gut zu sprechen.

Nun haben Sie eine Reihe von Zahlen notiert. Kreuzen Sie diese Zahlen innerhalb der folgenden Rubriken an und lesen Sie dann die Erläuterungen zur Rubrik, innerhalb derer Sie am meisten Kreuze zählen:

- Hören und Zuhören: 5, 8, 11a, 12, 15, 19, 21, 25b, 27, 28, 29, 30, 31, 32.
- Hören und Sprechen: 2, 5, 7, 12, 15, 21, 25b, 26b, 33, 34.
- Erfahren und Erleben: 1, 3, 6, 8, 11a, 13, 17, 22, 25c, 40.
- Begreifen und Bewegen: 3, 5, 6, 11b, 14, 17, 24, 25c, 25d, 26a, 35, 36, 37, 38.
- Sehen und Sprechen: 4, 13, 16, 18, 19, 23, 24, 25a, 41, 42, 43.
- Schreiben und Loben: 2, 4, 7, 8, 10, 11b, 14, 16, 18, 20, 25a, 26b, 39.

Empfehlungen:

Hören und Zuhören

Wenn Ihr Schüler beim Gespräch oft wegschaut oder zwinkert, bedeutet das nicht unbedingt, dass er Ihnen nicht zuhört. Im Gegenteil, es mag sogar gerade wichtig für ihn sein, um das Gehörte zu verarbeiten.

Benutzen Sie bei Erklärungen klare, einfache Wörter. Ihr Schüler merkt sich wahrscheinlich gut, was er gehört oder was Sie erzählt haben.

Wenn es um neue Situationen geht, schaffen Sie eine Verbindung mit gemachten Erfahrungen. Ihr Schüler schaltet ab, wenn zu viele visuelle Reize auf ihn einstürmen.

Wenn Lesen für Ihren Schüler eine mühselige Sache ist, mag es daran liegen, dass er Wörter nicht so gut visuell erfassen und sich an das Wortbild nicht so gut erinnern kann. Der gesprochene Wortschatz ist größer als sein Lesewortschatz.

Ihr Schüler hat vielleicht viele Träume und Vorstellungen, bekommt jedoch oft Probleme, wenn es darum geht, diese Ideen umzusetzen. Machen Sie ihm Mut!
Wahrscheinlich ist er eine kleine Führungspersönlichkeit und möchte ständig seine Energie einsetzen.

Hören und Sprechen
Ihr Schüler lernt wahrscheinlich leicht Sprachen durch Hören und Lesen, hat jedoch Probleme bei praktischen Tätigkeiten oder beim Sport. Üben Sie sich also in Geduld, wenn Ihr Schüler schreibt, rechnet oder malt.
Alles dreht sich bei ihm um das Sprechen. Ihr Schüler redet gern und stellt viele Fragen. Auch hier sind Geduld und die Bereitschaft, zu antworten, sehr wichtig. Der Schüler reagiert auf Worte und auch auf den Klang der Stimme, merkt jedoch nicht immer, welche Wirkung seine Worte haben. Geben Sie ihm ein Feedback, indem Sie den Inhalt des Gespräches mit Ihren Worten zusammenfassen. Wenn der Schüler beim Erzählen wegschaut, ist das nicht gegen Sie gerichtet, sondern für ihn eine Hilfe, gut zu formulieren.
Da Ihr Schüler bei Berührungen schnell abschaltet, vermeiden Sie diese, wenn Sie etwas erklären. Körperkontakt führt zu Unsicherheit und Hemmungen. Fragen Sie den Schüler auch nicht direkt wie er sich fühlt, da es ihm wahrscheinlich sehr schwerfällt, seine Emotionen in Worte zu fassen. Lassen Sie Ihren Schüler stattdessen Bilder malen und durch Farben und Formen Stimmungen und Erlebnisse ausdrücken. Setzen Sie sich bei einem wichtigen Gespräch nicht direkt gegenüber, sondern neben den Schüler.
Wenn es um körperliche Fertigkeiten geht, so reicht es nicht, diese vorzumachen. Erläutern Sie die entsprechende Situation und zeigen Sie vielleicht eine Anleitung mit Bildern.
Regen Sie Ihren Schüler an, gelernten Stoff aufzunehmen oder zu singen, damit er die Informationen immer wieder hören kann. Lassen Sie sich den gelernten Stoff erzählen. Regen Sie den Schüler an, ein Tagebuch zu führen, damit er beim Schreiben seine Gedanken ordnen kann.

Erfahren und Erleben

Da Ihr Schüler am leichtesten durch Erfahrung, Erleben und eigenes Handeln lernt, also mit Bewegung und dem Einsatz des ganzen Körpers, geben Sie ihm dazu möglichst oft Gelegenheit.

Körperkontakt ist sehr wichtig. Ihr Schüler berührt gerne und wird gerne berührt. Zeigen Sie Ihrem Schüler Ihre Zuneigung immer wieder durch Berührungen. Klopfen Sie Ihrem Schüler, während Sie ihn loben, z. B. auf die Schulter. Ist Ihr Schüler wütend und schlägt z. B. auf Gegenstände ein, wenn es etwas gibt, das er nicht mit Worten ausdrücken kann? Sprechen Sie mit Ihrem Schüler darüber, wenn er sich beruhigt hat.

Ihr Schüler lernt leicht handwerkliche Fertigkeiten, ist sehr praktisch veranlagt und experimentiert gerne. Wenn der Schüler beim Lesen und Schreiben Probleme hat, üben Sie sich in Geduld, und ermutigen Sie ihn immer wieder. Geben Sie ihm weiterhin Gelegenheit, sich körperlich zu betätigen, damit Ihr Schüler sich wohlfühlt. Gespräche führen sich leichter bei einem Gang über den Schulflur oder einer gemeinsamen Aktivität.

Mit Erläuterungen darüber, wie etwas funktioniert oder wie sich etwas anfühlt, erreichen Sie Ihren Schüler besonders gut. Zu viele visuelle Eindrücke führen dazu, dass er schnell unkonzentriert ist, zwar das Ganze mit einem Blick erfasst, jedoch viele Details nicht wahrnimmt. Deshalb sollte im Klassenraum eine Wand nicht bebildert sein oder ein beruhigendes Bild einen Ruhepol für Kinder darstellen, die sehr leicht durch visuelle Eindrücke abgelenkt werden. Den Eltern des Schülers sollten Sie empfehlen, dass Fernsehen und Computer zu Hause nur minimal zum Einsatz kommen.

Auch das Stillsitzen schwächt die Aufmerksamkeit, während Bewegung Konzentration und Lernen positiv beeinflusst. In der Schule hat es der Schüler durch den ständigen Bewegungsdrang oft schwer. Gibt es in der Schule nicht genug Möglichkeiten, Lernstoff auch praktisch erfahrbar zu machen, sollte der Schüler zu Hause möglichst häufig in den Genuss vieler praktischer Lernerfahrungen kommen.

Begreifen und Bewegen

Ihr Schüler lernt leicht am liebsten handelnd. Erlebnisse, Erfahrungen bzw. Sinneseindrücke werden am besten gespeichert.

Er scheint ständig in Bewegung zu sein, kann kaum stillsitzen. Darunter leidet die Konzentrationsfähigkeit im Unterricht. Bei zu vielen visuellen Eindrücken schaltet er ebenfalls schnell ab und verliert im Unterricht leicht den Anschluss. Werden Sie dennoch nicht gleich ungeduldig. Regen Sie Ihren Schüler an, sich in den Pausen viel zu bewegen, sich richtig auszutoben und integrieren Sie gezielt kleine Bewegungsübungen in den Unterricht. So helfen Sie diesem Schüler sehr, sich danach wieder besser zu konzentrieren. Lassen Sie z. B. große Lernplakate erstellen, bei denen Ihr Schüler mit dem „ganzen Körper" arbeiten kann.

Wahrscheinlich liest der Schüler nicht gerade sehr gerne und schreibt auch nicht so leicht. Das ist an der Handschrift erkennbar.

Ihr Schüler liebt es, berührt zu werden und zu berühren und hat keine Hemmungen über Gefühle zu sprechen.

Sehen und Sprechen

Ihr Schüler lernt am leichtesten, was er gesehen hat, liest sehr gern, erzählt Geschichten und kann sehr gut argumentieren und überzeugen. In der Schule kommt Ihr Schüler wahrscheinlich gut mit, vergisst viele Dinge aber nach den Klassenarbeiten schnell wieder. Daher ist es für ihn besonders wichtig, dass er Informationen regelmäßig wiederholt und schriftlich notiert.

Schreiben und Loben

Wenn Sie dem Schüler etwas Wichtiges mitteilen wollen, dann schreiben Sie ihm, denn schriftliche Informationen können leichter aufgenommen werden. Lassen Sie ihn selbst auch wichtige Informationen immer aufschreiben, und fordern Sie ihn auf, sich im Unterricht Notizen zu machen. Reden und Zuhören ist für Ihren Schüler vielleicht eher anstrengend.

Ein mündliches Lob rauscht ebenso vorbei wie Ermahnungen oder Vorhaltungen. Ihr Schüler braucht immer das geschriebene Wort, ein Bild oder das persönliche Erlebnis, daneben viel Lob und Anerkennung. Empfehlen Sie ihm, sich eine Lernkartei anzulegen.

(Die Verweise beziehen sich auf die jeweiligen Tipp-Nummern.)